look inside

Bali Terrestrial & Aquatic

Birth of an Island

Home to some of the world's deepest ocean trenches and abundant terrestrial and marine biodiversity, Indonesia is also known for its rich and intense history of natural disasters; consisting of powerful volcanic eruptions, devastating tsunamis, and mighty earthquakes.

photo: @alitsuarnegara

Served on a Plate

The Indonesian archipelago is one of the most seismically active locations on planet Earth. Situated on the boundary of several major tectonic plates, and forming part of the Pacific Ring of Fire. Forging over 300 million years, the some 17,000 Indonesian islands are the result of movement between four primary tectonic plates. These include the Indo-Australian Plate, the Eurasian Plate, the Caroline Plate and the Philippine Sea Plate. Subduction, convergence and transformative movements between these plates are responsible for the vast number of island arcs, volcanoes, earthquakes and trenches that combine to create the beauty and authenticity of Indonesia.

Greetings & Salutations

Hi and hello are both common words that are used when meeting and greeting one another. I think it is safe to assume that most of you are familiar with the greetings; Bonjour, Good Morning, Assalamualaikum, Ohayou Gozaimasu, amongst the many other greeting words from different countries and cultures around the world. Here, we are going to talk about how we greet one another on the island of Bali, also known as The Last Paradise, The Land of a Thousand Temples, and The Morning of the World. When you first arrive on the island, almost all Balinese people will put their palms together in front of their chest with their fingertips pointing up. In doing this, Balinese people will say "Om Swastiastu". Every place in Bali will most likely welcome you by this sentence. This sentence comes from Sanskrit, an ancient Indo-European language of India, used in Hindu scriptures, and is thus commonly used in daily communication, as well as in Hindu prayers on Bali. The word anatomy of Om Swastiastu is broken down into its meanings below;

Om means God, who goes by the name of Sang Hyang Widhi in Bali.

Su (written as Swa) means good, well, nice, great, or right.

Asti means there, and Astu means hope.

The overall meaning of Om Swastiatu resides within peacefulness. Om Swastiastu essentially means good luck with God's grace, and it is with this greeting that we channel positive energy to one another here in Bali. When said to another person, this sentence expresses a prayer for protection by God, and harmonious co-habitation with all living beings. This is because in Hinduism, respect is highly important when it comes to maintaining good relationships, and reducing disputes between humans as well as other living creatures. Most ways of greeting in Bali are given in the form of prayers.

If you are wondering what the appropriate response might be to Om Swasiastu, it is common to reply also with Om Swasiastu, although it is not mandatory. It is a peaceful beginning to an exchange of ideas, and one of the many tranquilities found on the island of Bali.

Hindus are always taught to say good words and to bless others with good things. Thus, brings us to talk about the meaning of Om Santih Santih Santih Om. Every beginning has an ending. In this context, Om Swastiastu begins a connection between people, and is therefore ended with the words; Om Santih Santih Santih Om. This phrase is explained below;

Om means God, as mentioned above.

Santih means peace.

This closing sentence essentially means; may you be safe and may peace be in your heart, may peace be on earth, and may peace be always. Another simple way of expressing this particular intention is to say; God bless you!

Now, you already know two common sentences that are often heard in Bali. Every sentence that we say will always bring peaceful intentions.

- Triana Ardi

Publisher
Earth Afloat Publishing

Art Director & Executive Editor
Thirumoolar Devar

Associate Editor
Kayli Wouters

Administration
Farin Mufarohah

Writers
Kayli Wouters
Triana Ardi
Allison Moore
Thirumoolar Devar

Translation
Kayli Wouters
Farin Mufarohah

Illustrator
Ngrh Yudha

InDesign Layout & Ad Production
Thirumoolar Devar

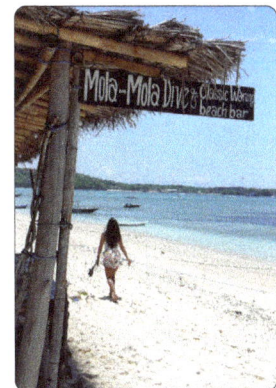

Cover Shot: @earthafloat
When in Nusa Lembongan you can visit Mola Mola and the Classic Warung at the far end of Jungutbatu Beach to see this view!

HowToBali.com
Producer
Thirumoolar Devar

Programming
Fery Satria Kristianto

Graphic Design
Valencia Huang

EARTH AFLOAT PUBLISHING
© COPYRIGHT 2023
ENGLISH EDITION
ISBN: 979-8-9878538-0-1

The Land is Alive!

The island of Bali emerged due to tectonic subduction. This occurs when one tectonic plate descends below another as they collide at their boundaries. Bali was formed through the subduction of the Indo-Australian Plate under the Eurasian Plate. At the time of subduction, the ocean floor was composed of marine deposits, coral reefs and layers of limestone, which were lifted above sea level as a result of this movement. Thus, the geological makeup of Bali is divided by a string of mountains and volcanoes, ranging from the East to the West of the Northern half of the island. The land surrounding the volcanoes consist of volcanic soils and black sand beaches, whilst the regions of Bali's Southern peninsula consist mainly of limestone and white sand, being farther away from the volcanoes of the island.

Bali is home to three main volcanoes; Mount Agung, Mount Batur and Mount Batukaru. The highest point of the island lies on the summit of Mount Agung at 3,142 meters above sea level[1]. Combined with tropical weather and bountiful amounts of rainfall, regions surrounding the volcanoes are rich with nutrients and volcanic soil

obtained and layered from past eruptions. This geological blessing has gifted Bali with fertile land and agricultural prosperity.

Rice farming has been the main form of traditional agriculture throughout the course of the island's history. All along the

Bali also shelters many different species of terrestrial fauna, including lizards, monkeys, snakes, squirrels and over 300 species of birds.

slopes of Bali's volcanoes and mountains, rice terraces scatter the landscape. The springs that descend from the mountain lakes provide a natural source of water flow for irrigation in these terraces. A traditional form of rice farming called 'Subak' occurs in Bali. Subak is an agricultural organization of Balinese rice field farmers who manage the irrigation of their water supply. Together, they maintain canals and systems which regulate rice planting, along with distribution of water across the rice terraces[2].

In addition to farming for rice in the dry season, the wet season brings about

photo: @earthafloat
TheIntenseCalm.com

diversification of crops. These changes however, are not limited to; corn, barley, banana, papaya, mango, and pineapple farming, amongst a vast variety of other vegetables and fruits. In addition to rice, fruits and vegetables, the fertile land of Bali also allows the growth of coffee and cacao, a diverse array of herbs and spices, as well as numerous vibrant species of flora.

Being a lush and plentiful land of plants, it is bound to be that Bali also shelters many different species of terrestrial fauna, some of which includes lizards, monkeys, snakes and squirrels. Not to mention, more than 300 species of birds alone can be found to inhabit the skies and lands of Bali.

---

[1] Bali Fact." Bali Fact - Bali History, Geography, People. Culture and More, 2004, https://www.bali-go-round.com/bali-fact.htm.

[2] Pratt, Daniel. "Subak - a Sustainable System of Irrigation." The Bali Retirement Villages, The Bali Retirement Villages, 16 Dec. 2016, https://thebaliv-illages.com/Bali-news/2016/10/18/subak-a-sustainable-system-of-irrigation.

photo: @earthafloat
TheIntenseCalm.com

photo:
@mavis_bali

Diving Down

Famous for its magnificent compositions and epic natural sights on land, Indonesia's oceans are equally, if not, more monumental in composition and structure. Consisting of extensive underwater shelves, deep-sea basins, abyssal trenches and submarine volcanoes, Indonesia also offers one of the world's most vibrant and biodiverse marine ecosystems known to date. Located in between the Pacific and Indian Ocean, Indonesia also comprises a major part of the world's Coral Triangle. Containing approximately 67% of global coral species, and 37% of the world's coral reef fish species, Indonesia holds the largest diversity of coral reef fish on the planet[3]. In addition to coral reefs, much of the Indonesian coastline is rich with various marine ecosystems such as sea grass, mangroves, estuarial beaches and algal beds.

Specifically when zooming in on the island of Bali, the most abundant and lively coral reefs reside off the coast of neighboring islands; Nusa Penida, Nusa Ceningan and Nusa Lembongan. Amongst housing an ample diversity of coral reef fish, these three islands are distinctly visited by reef manta rays, various species of pelagic sharks, and the elusive sunfish. Being an archipelagic nation, the animals and plants of the ocean surrounding Indonesia provide a major source of human sustenance and livelihood. Unfortunately, natural marine resources are depleting due to unregulated overfishing, marine pollution, coral bleaching, sea level rise and global climate change.

Both Indonesia's land and sea have seen colossal and epic transformations over its geological history. Its rich terrestrial and marine biodiversity have occurred as a result, making Indonesia and Bali especially, an enticing and naturally wonderful place to exist.

- Kayli Wouters

[3] "8 Facts about Indonesia's Ocean | UNDP in Indonesia." United Nations Development Program, https://www.id.undp.org/content/indonesia/en/home/presscenter/articles/2016/06/08/8-facts-about-indonesia-s-ocean.html.

photo: @alitsuarnegara
pixabay.com/es/users/alitdesign-4593555/

PURI SANTRIAN
a beach resort & spa

Beach Resort & Spa

Cultivating Chocolate

The mural instantly caught my eye. "Who's that?" I asked. Alit chuckled and replied, "The best cacao was previously reserved for the king. Now, we all can eat pure chocolate like royalty."

Here's his story of how he came to start Cau Chocolate and the life-changing journey that follows...

HowToBali: Hi! Thank you for talking to us. When did you start Cau, and what lead you to creating Cau?

Alit: I am an extension agricultural worker at the Agricultural Technology Assessment Center (BPTP) in Denpasar, Bali. Working as an experienced farmer for more than 35 years, my main job is with assisting local farmers in developing their farming businesses so that they can provide good income to meet their family's needs for life, school and various social activities.

Working in agriculture, it was very difficult to increase the farmers' income. This is caused by many factors, such as pest invasions on crops and extremely cheap crop prices during the harvest season. Additionally, the prices of agricultural production inputs such as fertilizers and pesticides tend to increase over time. In the end, the sustained welfare of farmers, which is the goal of agricultural extension, seems only but a dream.

After I examined it carefully, it turned out that the farmers' needs were very simple. Namely, how they could sell their crops at a decent price, so as to gain sufficient profit. The point is an economic value that is feasible for farmers to receive.

The economic value for agricultural products is in the downstream sector, while farmers work in the upstream sector.

Therefore, it requires serious attention. How can we ensure that higher economic value in the downstream (off farm) can be enjoyed or received by farmers who work upstream (on farm).

Due to this issue, I founded the company PT. Cau Coklat Internasional, which processes cocoa beans produced by local farmers.

In undertaking this project, I can still do my job or profession as an agricultural extension worker, to guide farmers in producing good cocoa beans according to the standards set by us in the company, and to ensure that we buy the cocoa beans at a good price, thus providing good income for the cocoa farmers.

HowToBali: Are you organic and what does "organic" mean?

Alit: Yes…. I focus on developing organic chocolate. Cau Chocolate is triple certified, meeting standards set by USA, EU, and Indonesia.

Coincidentally, my Master's and doctoral studies are in Natural Resources and Environment Management. I graduated from IPB University Bogor. I understand some of how our current environmental conditions are, especially how modern forms of agriculture impact the environment and human health. The damage to our environment is constantly getting worse, and it is very disturbing to human health. One of the reasons for this damage is the increasing use of synthetic chemicals in agricultural cultivation systems (such as in fertilizers and growth hormones) which in turn causes the food from agricultural products that we consume to be unhealthy.

This is why I focus on developing organic farming, specifically organic cocoa. The development of organic cocoa provides many advantages, including; 1) Reducing the use of synthetic chemicals in agricultural cultivation systems; 2) In turn, reducing the cost of agricultural production; 3) The agricultural products produced are healthy, due to reduced residues of toxic chemicals; 4) The environment (soil, water, air) is also getting healthier; 5) The price of agricultural products produced by farmers will be more expensive; 6) People who consume it are also getting healthier; amongst many other advantages.

As chocolate entrepreneurs producing organic chocolate, we will be able to provide healthy chocolate products for consumers. No organic chocolate will be produced by a chocolate processing company, without using organic cocoa beans. We know that cocoa beans we use are produced by local cocoa farmers. Thus, the cooperation between PT. Cau Coklat Internasional and cocoa farmers must work well and harmoniously.

Organic farming is essentially a process for producing agricultural products using an organic cultivation system.

"Sustainable farming means an agricultural system that does not destroy nature. Organic farming is a form of sustainable farming. The organic farming system is very much in harmony with the Balinese philosophy. Such as Tri Hita Karana, which means to have happiness through three ways. These are:

What does "sustainable" mean?

1. Harmony between humans and humans;

2. Harmony between humans and nature (one of which is through organic farming); and

3. Harmony between humans and God Almighty."

Alit: In addition to being in harmony with Balinese life philosophy, organic farming is also one of the practices of the community, especially farmers, in saving the environment so that we can still pass it on to our children and grandchildren in good condition (not damaged). Organic farming, apart from being a sustainable agricultural practice, will also provide better yields and income to farmers as producers over time.

HowToBali: What do think about local artisanal products, both from perspectives re: commercial/branding, other competition, and a unified goal for Bali?

Alit: Artisanal chocolate has become widely known and produced by several manufacturers. In general, artisan products, especially chocolate, have a certain market segment, as they currently tend to be sold at higher prices than regular chocolate. For ordinary people, it is relatively difficult to distinguish artisanal chocolate from non-artisanal/regular chocolate.

As we know, agricultural products produced by farmers will be greatly influenced by various environmental factors depending on where and when they are produced. For example in Bali, there is little difference in taste between the cocoa beans produced by farmers in the districts of Tabanan, Buleleng, Jemberana and other areas. However, this taste will not appear if there is no good and correct process in producing chocolate, such as the process of fermentation and roasting, amongst others.

From a general commercial point of view, artisanal chocolate has yet to make a strong impact because producers and consumers are still very limited. It takes continuous effort to brand artisanal products, especially those related to local culture.

HowToBali: I find that working to attain our goals changes us. If you think back to when Cau was just an idea, and compare that to now, how do you feel you have evolved as a person?

Alit: Firstly, I feel very grateful because I can help farmers, especially cocoa farmers in Bali, to: 1) Produce healthy food products; 2) Generate better income; And 3) Contribute to saving the environment.

I am more and more confident now that if we want to do something with a good purpose, we can do it. Even though the journey until now was not easy and there were many obstacles, both internal and external.

HowToBali: Why does chocolate melt in my hand?

Alit: Good chocolate will melt at 37°C. We know that a healthy and normal human body temperature is 37°C. So if chocolate melts in your hand, it proves that the chocolate is real, of good quality, and made through a high grade manufacturing process. Therefore, to eat good chocolate, you don't need to chew it, but just to put it in your mouth and the chocolate will melt on its own, and you can eat it right away.

Speaking w/ Dr. Ir. I Wayan Alit Artha Wiguna
Interview and photos by Thirumoolar Devar

Cau Chocolates

THE CUBE SEAWEED PROJECT

Sourced from an interview with Nusa Lembongan local, I Wayan Dollar Doru

A timeline of seaweed farming

The last four decades have seen a rapid expansion, sudden halt, and slow revival of seaweed farming on the islands of Lembongan, Ceningan and Penida. Introduced in the late 1970s, the farming of red and green seaweed quickly expanded and took over as the primary source of income for mainly Lembongan and Ceningan. Farms were erected all along the coastlines, surrounding almost all of both islands in locations where there was consistent access to shallow, intertidal zones.

In 2014, there was a major shift in seaweed agriculture, where about 90% of the farmers transitioned to the tourism industry. This occurred not because tourism was flourishing and the income was substantially better, but more so due to a significant drop in the international price of seaweed. In 2014, 1 kilogram of dry red seaweed sold for 3,500 Rp, compared to a price of 12,000 to 14,000 IDR/kg dry seaweed in 2022. The only farms that remained were the ones located in the channel of Lembongan and Ceningan, used as an attraction for day tour companies.

As a result of the 2020 pandemic, international tourism in Indonesia declined severely. Thus sprouting a gradual shift back to local seaweed farming at the end of 2020, as a means of sustaining livelihood. This brings us to 2022, where seaweed farms are now at 60% capacity of what they used to be, prior to 2014, and the blossoming of a local empowerment movement; the Cube Seaweed Project.

From seed to harvest

Each local family in the seaweed farming business has plots in various locations around the islands, chosen according to the movement of the water and the nutrients it brings, tide difference, and seasons. From planting to harvest, the process of seaweed farming takes about 20 to 30 days, with an additional 3 to 4 days of drying. It usually consumes 8 to 9 hours per day of work, in between harvesting young and healthy plants for replanting,

photo: @earthafloat
TheIntenseCalm.com

and older weeds for drying during low tide, preparations for new lines, cleaning old lines, drying throughout the high tide, and replanting on the next low. Replanting occurs continuously until a family has reached their maximum plot capacity, so as to ensure a constant supply of seaweed. Only when the capacity is reached, will they harvest seaweed for drying and selling for product.

Green seaweed is mostly grown around the islands as it sells dry for more than red seaweed at 35,000Rp per kilogram. When dried, the seaweed is sold to buyers who send it to Bali. It is then brought to Java where it is distributed internationally, predominantly to China and Japan, where it is used by manufacturers in beauty products such as hand and body lotion, shampoo, soap, make up and perfume.

Heading towards the future, the project is looking at locally creating more variety in products that can be sold directly to individual consumers and can be stored for a longer amount of time.

What is the Cube?

Brought to life in 2022, the Cube Project was formed as a movement for creating a self sustainable regional economy which empowers local seaweed farmers. This is done by locally processing the seaweed into a product that can be sold directly, hence allowing healthy profits. The Cube with its team and volunteers helps to promote the seaweed products as well as setting up seaweed farming as a form of ecotourism on the islands. Thus helping farmers move up from the bottom of the global supply chain and dependency on international seaweed prices that fluctuates greatly and leaves paper thin margins for the farmers. The first product that came out of this program was a seaweed gel cube (hence the name) that restaurants put in their smoothie and call Good Karma Smoothie.

The method of producing seaweed cubes adds an additional 1 to 2 days of work, after the seaweed has dried. This includes rinsing the seaweed several times with freshwater, soaking it overnight, boiling the product with added ingredients such as spirulina, moringa and chlorella. The added components are what makes the cubes additionally healthy and nutritious, as well as creates the green color of the cubes. Once the mixture has been boiled, it is poured into a mould where it is left to harden overnight. On the following day, the cubes are cut, placed into jars and are stored or distributed as a product to restaurants which support the Cube Project.

At each restaurant, a signature health smoothie of their choice is created with the seaweed cubes, and sold as a drink called the 'Good Karma Smoothie'. The profits of the smoothie are split evenly between the farmer and the project. It's a program that not only creates direct social impact with proven 100+ profit for seaweed farmer per kg seaweed, it is also a project that is generating more sustainability the more it grows contributing to many positive things including carbon capture and nitrogen consumption.

[COMMUNITY]

IndoIslandHoppers.com : Nusa Lembongan

Below is a list of supporters on the islands who serve the Good Karma Smoothie. Be sure to check out these fantastic places and strengthen a sustainable local economy!

- Ombak Zero Waste Café
- Kayu Lembongan
- Fin Island
- Ginger and Jamu
- Pisang Pisang
- B'Fresh
- Alponte Restaurant
- Bali Eco Deli
- The Sampan
- Ohana's
- World Diving
- Batu Karang

Moving forward

The Good Karma Smoothie program is now moving over to the big brother island of Bali with the start in Ubud. Already some of the most popular restaurants in Ubud have started supporting the program, like Sayuris, Alchemy, Kafe and Pyramids of Chi. Hopefully more will follow.

Do you want to support the program? Right now the program is looking for help to expand in Bali and to employ a representative in Bali to implement the Good Karma Smoothie program in restaurants. There is also a focus group you can join to try new seaweed derived products and give feedback. Contact is most easily done through the programs instagram page where they give continuous updates on the progress of the program and their launch events: @ thecubeseaweed.

- Kayli Wouters

Community

photo: @earthafloat
TheIntenseCalm.com

@deck_decky / **Lembongan Dive Center** - Dive Tours & Classes
photo: Rossi Photography

OUTDOORS: DIVING

@deck_decky / **Lembongan Dive Center** - Dive Tours & Classes
photo: Rossi Photography

Robot Best / Nusa Lembongan surfer & surf instructor @robot_wayan
photo: @earthafloat TheIntenseCalm.com

SURF N SPORT

Komo Wilson / Nusa Lembongan surfer / surf instructor @komowilson
photo: @earthafloat TheIntenseCalm.com

SUNGAI WATCH

River Warriors

The Balinese way of life revolves around the philosophy of Tri Hita Karana, meaning the "3 causes of goodness". This is the understanding of the importance of harmony between humans, between humans and nature, and between humans and their creator. Thus, the pillars of Balinese living establishes a strong relationship base between the Balinese people and the living environment which surrounds them.

Sungai Watch

Water in Bali

Bali holds a strong agrarian history in which the role of water is central to soil fertility. Water is considered the giver of life, the foundation of prosperity, and is therefore revered throughout the island of Bali. This, along with the fusion of Hindu practices, local Balinese beliefs and cultural traditions has given way to Agama Hindu Bali (Balinese Hinduism), originally known as Agama Tirta, which translates to "The Religion of Holy Water".

There are various kinds of holy water and is used in many different types of rituals, daily offerings, and religious practices. Holy water is considered a physical medium for spiritual regeneration, something unseen, sacred and divine. It is prepared daily by priests, where it is infused with flowers, sacred mantras and mudras, and is treated with utmost respect.

Hence, the reverence of water in Bali has both practical and spiritual applications. Rituals using holy water serve to maintain the balance and harmony between the human body, mind, and heart. Whilst in farming and irrigation, water is held in high regard as it helps keep the tranquility and equilibrium between humans and the natural environment. Despite its high reverence, the waters within and surrounding Bali currently experience high levels of plastic pollution.

Plastic and the Living Nature

Being in the middle of rainy season here in Indonesia, you might be familiar with some of the shocking levels of plastic waste that wash up along the beautiful beaches of Bali. During the wet months of October to April, trash that has been littered or illegally dumped in unregistered land fills are pushed into waterways by heavy rainfall. It is then carried out into the ocean through rivers where some of it winds up on Indonesian coastlines, and the rest are brought out to sea by deep water currents.

Plastic can take hundreds of years to break down, and even then they will be scattered throughout our lands and seas as microscopic bits called micro-plastic, which can be just as, if not more harmful to the environment than larger pieces of plastic. Plastic in our natural environment for one thing, doesn't look good. It also impacts the integrity of the soil, releases harmful chemicals into the ground and water, harms animals as they can get stuck in certain pieces, and gets mistaken for food as well. In the form of micro-plastic, humans and animals both are more likely to accidentally consume these harmful products, whether it be mistaken for food or digested through the food chain. The chemicals that are used to make plastic are unsafe for humans and animals to ingest, and can have extremely detrimental effects on the living environment if left unmanaged.

According to recent studies done by a local environmental organization called Sungai Watch (translates to River Watch), Indonesia is ranked as the second largest plastic polluter of the oceans after China[1]. In Bali alone, only 4% of plastic waste is recycled[1]. This is due to minimal efforts for waste management along with a lack of recycling infrastructure and local incentive. These issues are driving a

Sungai Watch

constant increase in the number of illegal dumps on Bali, and therefore contributes to the growing amount of plastic pollution that is entering our valuable oceans..

Fighting for the Oceans

Thankfully, there are people out in the field in Bali who are working every day to solve this issue and clean up our island and our oceans. This is the aim of Sungai Watch. It is found that more than 80% of plastic waste in the oceans comes from rivers[1]. This is the underlying problem which Sungai Watch aims to put an end to. They describe themselves as; an environmental organization on a mission to stop plastic from entering the ocean. The main way that they do this is by designing simple trash barriers that are placed upstream in rivers, and are cleaned every day. The trash collected from these in-place barriers are then sorted at their facilities, analyzed, and up-cycled. Sungai Watch is also currently experimenting with new ways of turning trash into different reusable products!

Sungai Watch also conducts and organizes loads of outreach sessions and education campaigns to engage local communities in the issues of plastic pollution, and to encourage responsible waste management on the island of Bali. They also host presentations at schools and with the local government, along with weekly community clean ups in villages. In addition to these weekly clean ups, Sungai

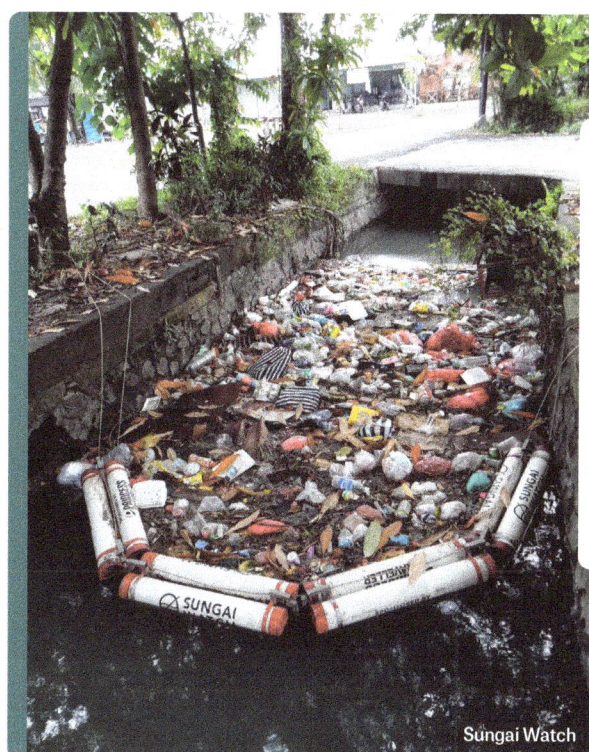
Sungai Watch

Watch also organizes emergency clean ups at illegal land fills, mainly alongside riverbanks in order to prevent plastic from entering the water in the first place.

Sungai Watch plans to place trash barriers in every river in Indonesia by 2025, and eventually become an international project and movement. How amazing is that?!

Get Involved with the Cause!

Want to know the ways in which YOU can get involved and help the cause? Here are some listed below;

• You can report illegal landfills and trash filled rivers in Bali and Indonesia to Sungai Watch via their hotline at +62 821-4781-382.

• You could help sponsor a community clean up, production and implementation of a river barrier, or trash dropbox in a local community in Bali.

• You can help organize a fundraiser in your school or community with outreach and education. The donations collected will go towards; hiring local people to collect and sort the waste, scouting for and cleaning areas, equipment, conducting waste audits, as well as organizing more events and campaigns.

• You can also simply volunteer at a weekly clean up. The information for these locations are listed on their website and updated regularly, along with further information on all the bits listed above at: www.sungaiwatch.com

- Kayli Wouters

Sungai Watch

Together with your help, we can clean up our island and restore the pristine waters in which Bali once held!

References

1. *River Warriors* (2022) *Sungai Watch*. Sungai Watch . Available at: https://sungai.watch/pages/about-us (Accessed: November 20, 2022)

photo **Indhira Adhista**
IG **@raw_image6**

Community

Fertility and
Sustainability

A common theme that has run throughout this journal is the nutrient rich, fertile soil of Bali. The volcanic history that has taken place in order to create the Island of Gods has bestowed the Balinese with agricultural abundance.

Maukami

International visitors and influence has been rapidly increasing in Bali over the last decade. The stunning beaches, crystal clear waters, Jurassic-like wilderness and mountains have become more and more the ideal holiday destination for people traveling from all over the globe.

In the last two years, Bali has suffered particularly hard due to the effects of the corona virus on international travel. I say this because Bali relies a lot more on the tourism industry than most of the rest of Indonesia. Therefore, it is more important now than ever, as Bali recovers from its recent hardships and continues to expand its tourism industry, in order to preserve and maintain the essence of Balinese culture, to secure economic independence for the local people, and ensure environmental sustainability of their lands.

Of course, there are many different ways in which this can be done. What I am going to talk about now is how these issues can be tackled and how these aims can be acquired, through organizations aimed at education and development of sustainable agriculture.

Maukami

Maukami

Maukami

MAUKAMI

The first movement of which I will speak about is Maukami. Maukami works with Balinese farmers and villages to create sustainable living by which they are able to thrive and make the most of their land, whilst achieving financial independence. They promote self reliance and economic independence of the Balinese through empowerment by innovating methods for farming which revolve around traditional knowledge. Whilst innovating with the local community for sustainable and organic farms, kitchens, and crafts, Maukami supports Indonesians also by building fair trade models and mutually beneficial partnerships between farmers and the market through personal guidance and mentorship.

Located just outside of Canggu, you can take part in the experience that is the Maukami farm and kitchen. Here, you can learn about the sources of local organic food and the relationships between soil and plate as you participate in this process. This includes visiting the farm and picking the ingredients which you will be working with, using traditional Balinese methods and tools to prepare and cook the food, as well as making handicrafts using natural resources and materials. The entire process is undertaken with local Balinese farmers and villagers and is a wholesome experience which educates and supports communities in sustainable living, farming, and the value we should cherish and protect which is Bali's rich agricultural land.

Community

The Kul Kul Farm

Located in Sibang Kaja between Denpasar and Ubud is the Kul Kul farm. Here, permaculture, agroforestry, and regenerative agriculture are put into practice.

In brief terms, agroforestry is a form of agriculture that incorporates the cultivation of trees on their plot. This creates an ecologically diverse and resilient ecosystem. The intended idea of permaculture is to create agricultural ecosystems that are sustainable and self-sufficient. It is the designing of an ecologically sound way of living which encourages us to be resourceful and self-reliant.

Regenerative agriculture prioritises the care of our natural ecosystem. It's practice encompasses improving soil health by incorporating crop rotation and cover cropping, increasing plant and crop diversity to expand overall area biodiversity, managing rotational grazing and pasturing for livestock, integrating conservative tillage to prevent erosion, aid irrigation, and increase the overall health of the soil; all of which would support carbon sequestration. The more carbon that is sequestered into the earth instead of being released into our atmosphere can aid in our efforts of mitigating and combating climate change.

The Kul Kul farm has adopted these concepts and offers workshops in its practices. It also has a large focus on encouraging the younger generation - of Balinese and foreigners - to farm, in addition to working with local communities in providing farming jobs that are worthwhile. Much like Maukami, the Kul Kul farm aims to empower local people and their land in ways that are environmentally and economically sustainable, whilst educating everyone on the importance of sustainable agriculture.

Astungkara Way

Astungkara Way

Finally, we come now to Astungkara Way. This project also advocates for sustainability in local economy, community and ecosystems, through the practice of regenerative tourism as opposed to mass tourism.

Astungkara Way aims to connect you with your food, with nature and with the Balinese culture by providing experiences. These include trips through the island of Bali where you will walk/hike trails through rice fields, mountains, and villages as you learn about the source of Balinese food, participate in farming activities with local Balinese farmers, discover hidden natural gems, connect with local families, and learn about Bali's rich heritage.

- Kayli Wouters

Astungkara Way

Ancient folklore portrays the island of Bali resting on the shell of a huge turtle called 'Bedawang Nala'. The ocean surrounding the island is seen as the home to spirits, many of them demonic, and the mountains of Bali are considered the thrones of Hindu gods. Hence, the turtle that the island sits on represents a balance between the good and evil beings of the world.

Community

Turtles in Bali

In Asia, turtles have long been revered as symbols of strength, wisdom, and good luck. These gentle creatures can live for decades, and their unique appearance has inspired a vast number of stories and legends. Sadly, turtles are in danger of becoming extinct due to the illegal wildlife trade, habitat loss, and pollution.

Traditional History

Bali is world-renowned for its beautiful beaches and vibrant culture, along with a variety of spectacular wildlife, including the sea turtle. Starring in traditional legends, symbolism, and used in ceremonies, the sea turtle plays a significant role in the core beliefs of Balinese Hindus.

In Bali, the turtle symbolises wisdom and longevity. For centuries, Balinese culture has been steeped in legend and mythology. The turtle plays an important role in these many different stories. In one particular legend, the island of Bali was created when two great turtles emerged from the sea and supported the island on their backs. In another famous tale, a turtle used their shell to protect a jewel which had fallen from the gods, and thus the island was gifted by the gods as recognition for the selflessness of the turtle.

It is also popularly told in legends that Bali rests on the shell of a giant turtle named Bedawang Nala, (translates to mythical giant turtle). This giant turtle is said to represent the balance between good and evil. The good is depicted by

Photo: **Rossi Photography**

photo: @earthafloat
TheIntenseCalm.com

the mountains of Bali, considered as the thrones of Hindu gods, and the evil as the oceans surrounding the island; home to demonic spirits.

Because the turtle has such an importance in the Balinese faith, they were also included in several sacrificial rituals. Green sea turtles in particular were beheaded and offered as sacrifices for rituals celebrating significant milestones in a person's life. This includes ceremonies for the three-month birthday of a child, teeth filing at the age of sixteen, marriages, and cremations. Offering the life of a sea turtle has been engrained over time, spiritually and culturally in the lives of local Balinese. Outside of religious traditions, sea turtle meat was also popularly offered to household guests as a custom to show a life of luxury.

Today, sea turtles are still revered by the people of Bali. They are often seen as a lucky charm, and used symbolically in temples and other sacred spaces.

Threatened Species

There are seven known sea turtle species in the world. Six of them inhabit the waters surrounding Bali and throughout Indonesia. These are;

- Green sea turtles
- Olive Ridley sea turtles
- Loggerhead sea turtles
- Flatback sea turtles
- Leatherback sea turtles
- Hawksbill sea turtles

Facing numerous threats of climate change, pollution, ocean acidification, biodiversity loss and degradation, our marine ecosystem relies not only on humans, but also on the organisms and animals that inhabit our oceans to combat these threats, and maintain a healthy ecological balance on our planet. Sea turtles in particular, maintain the health of coral reefs and sea grass habitats by feeding and foraging. Spending most of their lives in the ocean, they also contribute to enriching coastal ecosystems by coming to nest on beaches.

There are several beaches in Bali that are visited by sea turtles. These commonly consist of beaches lining Kuta, Medewi, Rambut Siwi, and Perancak. Most sea turtles will lay several groups of eggs called clutches, once every 2 to 4 years. Each clutch can contain between 100 to 200 eggs. In Bali, nesting season usually takes place between the months of March to September. Sea turtles mate and travel to the sandy beaches of Bali to lay their eggs. Once the eggs are laid, the female will cover them with sand and return to sea. They are not maternal animals and so the eggs will hatch after about two months, and the baby turtles will then make their way to the water on their own, and begin their life at sea. The population of sea turtles also contribute to the local economy as seeing them in the wild is a popular attraction for tourists. Thus, turtles have an important role to play in different areas of environmental and economic sustainability.

Despite their prominent influence, sea turtle populations are in decline. In 1999, the Indonesian government granted sea turtles a protected status. However, a black market still exists. Every year, turtles and their eggs are taken from the wild and sold illegally in Bali, across Indonesia, as well as internationally. Their body and eggs are bought for use in traditional medicine, their shell is used to craft souvenirs, jewellery, and other luxury items, their skin can be used for leather goods, and their oil in certain beauty products. Along with the effects of habitat loss, pollution, and urban development, sea turtle populations are threatened, with some species now critically endangered.

On Bali, the awareness of endangering sea turtles and the importance of maintaining a healthy population in the wild has improved significantly over the last few decades. Thus, it is becoming increasingly rare to find sea turtles at traditional rites and restaurants.

Awareness for Conservation

If you're interested in learning more about sea turtles, there are several conservation, rescue, and turtle education centres in Bali that you can visit. Whether it is to volunteer with general maintenance, participate in baby turtle releasings, or donate to the centre, there is a lot that can be done to help the sea turtles.

The Kurma Asih Sea Turtle Conservation Centre is located in the Jembrana Regency of Northwest Bali. At this centre, they focus on gathering wild nests from the beaches and caring for them in their nursery. Once the turtles have hatched and are about 6 months old, they are then released into the ocean. Kurma Asih also conducts research on sea turtles and care for the ones that were not strong enough to be released into the wild.

Another large conservation centre is the Turtle Conservation and Education Centre on Serangan Island. Created in 2006 by a former Bali governor, the centre also aids in releasing new hatchlings, in addition to nursing sick and injured turtles back to health. Furthermore, they also work to shut down the black market for sea turtle trade in Bali through educating and promoting awareness for conservation to the local population. One of the ways this is done is by providing sea turtles at ceremonies to be shown as living animals with intrinsic value.

Bali Sea Turtle Society (BSTS) is another movement for the conservation of sea turtles. Founded in 2011, BSTS is a non-profit NGO that aims to educate and work with local communities in Bali through community based conservation efforts such as nest protection, education and campaigning.

We need sea turtles for a sustainable marine environment, and they need our voice and support for conservation. Check out these centers and what you can do throughout your stay in Bali!

- Allison Moore

Loloh Cemcem

Bali, the most famous island in Indonesia, is known by its stunning nature and its unique hospitable culture. Bali has beautiful mountains, lakes, beaches, and waterfalls. Visitors can also enjoy a taste of Balinese culture everywhere in the island including ceremonies at the temples that cannot be found anywhere else in the world. Besides, Bali is also a famous destination for culinary tourists from all over the world looking for delicious and healthy dishes that Bali has to offer. One of those unique healthy Balinese drinks is Loloh Cemcem.

Loloh Cemcem is a traditional Balinese drink made from several types of plants and is produced by mostly small co-ops. The Balinese people have believed for generations that Loloh has great health benefits, and it is a popular drink among people who seek alternative natural remedies derived from plants. Loloh cemcem is a famous traditional drink in Penglipuran Village, and tourists who go there usually sample and buy the drink as a souvenir. In the Penglipuran Village area, there are 9 Loloh cemcem producers who continuously make the drink every morning. The shelf life of the Loloh Cemcem is still uncertain. From the results of interviews conducted by researchers with the producers of Loloh cemcem, it seems that it can last for 3 days (72 hours) in the refrigerator (1-4°C).

Loloh Cemcem has a very distinctive taste from other herbal medicines. Cemcem or kedondong leaves combined with other ingredients produce a unique taste that gives the drink a salty, sweet, spicy, and slightly sour taste. In addition to refreshing the body, Loloh Cemcem helps relieve heartburns, smooth constipation, and even lowers blood pressure. Even though Loloh Cemcem has a slightly sour taste, it is safe to drink on an empty stomach.

- Triana Ardi

Ingredients (serves 8)

- Cemcem leaves
- Coconut water
- Young coconut meat
- 120gr or 8tbsp of tamarind
- 120gr or 8tbsp of sugar
- 1 tbsp of salt
- Pinch of shrimp paste
- Chili to taste.(1 pc)

How to make it:

1. Boil sliced chilies, shrimp paste, tamarind, sugar, and salt. Wait until you smell the fragrance.

2. Wash the cemcem leaves, then mash or knead them.

3. Mix the cemcem leaves into the boiled tamarind water. Wait until it changes color.

4. Turn off the stove and pour the water into a glass.

5. Add coconut water and coconut meat, and ice cubes to make it colder.

For more local food, drinks & recipes, scan the QR CODE on the next page with your cell phone -- >

Signature Rolls

SCAN ME

NORI
Bali

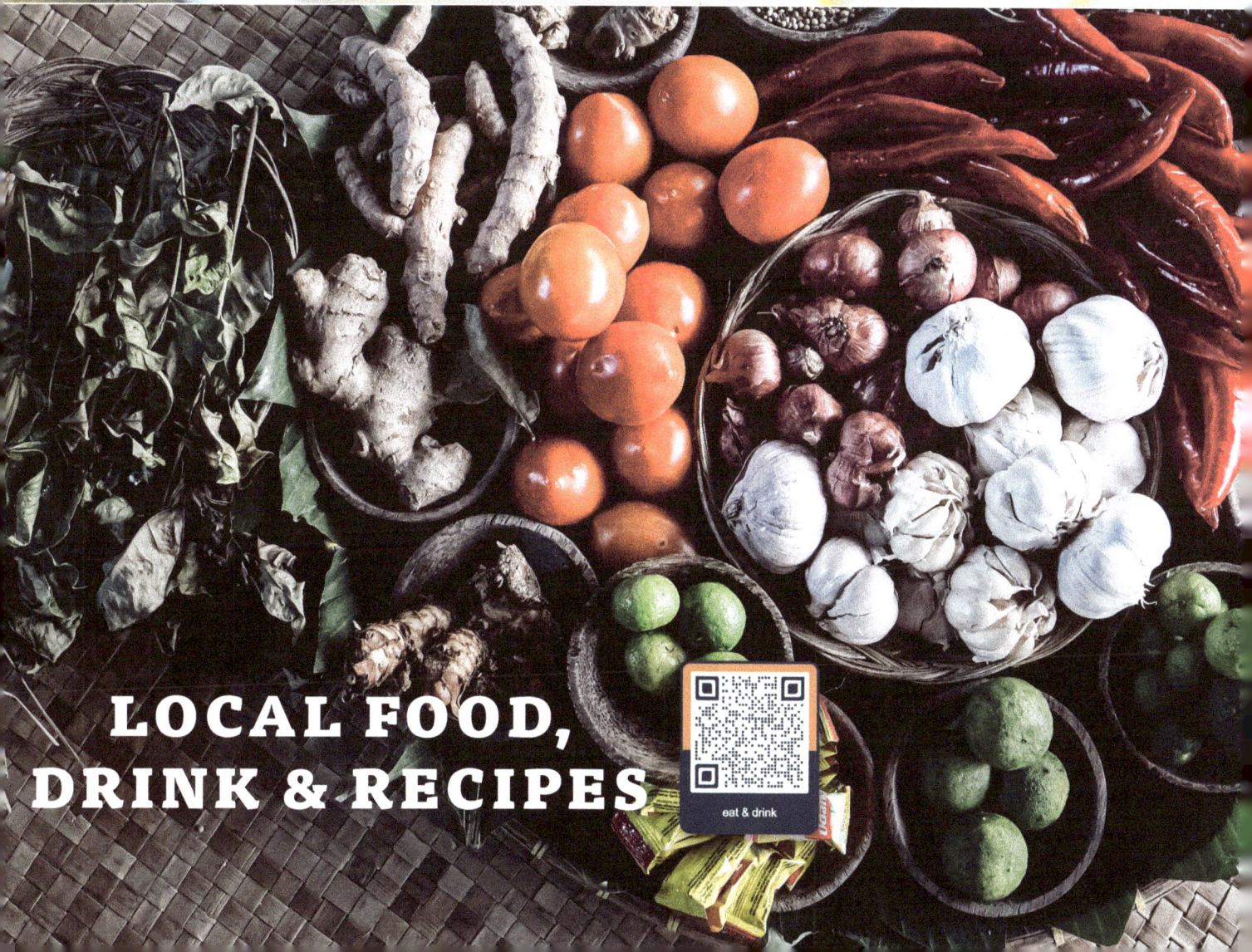

LOCAL FOOD, DRINK & RECIPES

eat & drink

Modern Batik

Oedel is a growing clothing and fashion name that was recently selected to host a booth at the G20 conference. It's a natural choice given the batik style. On the other hand, Oedel applies a contemporary and modern touch to batik tradition. HowToBali caught up with owner and designer, Theresia. She is an Indonesian local who has travelled and lived around the world. She returned to Indonesia, to build her brand and establish a base in Bali. We wanted to ask her how she has arrived to the present and what the future may bring.

HowToBali: Hi! ..thank you for talking to us. When did you first dream of starting your own brand?

Theresia: I first dreamt of having my own brand when I was solo traveling in Europe. I traveled 7 countries and when I was in Belgium, I saw a bunch of lovely shops there with beautiful fashion. Then there was a voice in my head saying; 'what if there was another fashion store, but with a Batik concept?' I was captivated by the possibility of showcasing Indonesian culture in another land.

HowToBali: How long from then to the time you put logo and label on your first product, and what was that product?

Theresia: After my travels in Europe, I came back to Indonesia and I decided to move to Bali, an international hub, and create a cultural clothing line there. I wanted Indonesian Batik to be taken to other countries. It took 5 months until I put my logo onto my first product on the island of paradise. That first product was women's top wear. It showed Oedel (navel) as an expression of freedom in style with cultural blends.

HowToBali: What has been the reaction from people new to Batik style?

Theresia: Foreign tourists admire the beautiful Indonesian Batik motifs, and are especially intrigued with the traditional process of making the Batik using hot wax. Not only is it interesting to really observe the individual motifs, but in every stroke of the motif there is a story or history.

HowToBali: What feedback has interested you the most?

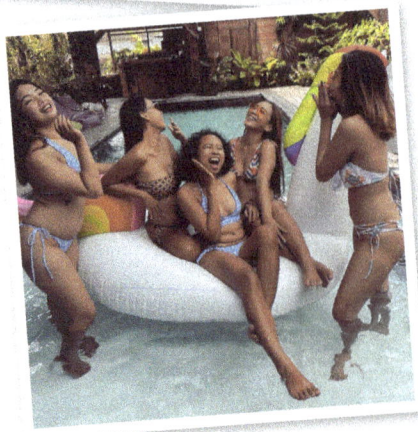

Theresia: Feedback that I have gotten from several regular customers which interests me the most is that they love the unique Batik style of Oedel. They mentioned that getting the right kind of Batik was difficult but in Oedel, they found many pieces of interest as it transforms Indonesian culture into something trendy and stylish.

HowToBali: What local designers and early experience inspired you about Batik?

Theresia: My late grandmother lived in Pekalongan, the City of Batik, so I was exposed to stories and beautiful Batik motifs from a very early age. In my childhood I also lived in Salatiga, which is an hour away from Solo, which is also a city famous for its Batik work. There I learned to make Batik and appreciate the Indonesian Culture even more. From then on, I was inspired to preserve Batik, and to share stories through Batik motifs to the world.

HowToBali: In what ways have local Indonesians reacted and commented on your designs?

Theresia: The reactions of local Indonesian tourists and visitors is first, usually laughter. This is because the word "Oedel" is eye-catching and brings curiosity about the brand name itself which is another word for navel, or belly button. They feel that Oedel's Batik work is beautiful and unique. Not only in the choice of colorful motifs, but also in the display of modernity in each of its models. The models that Oedel works with really understand and respect the traditional themes of Batik that are here being used in a contemporary and cool way.

Oedel Fashion

HowToBali: How did you get involved with the G20 event?

Theresia: Basically, I got an invitation from a friend who is active in "state activities". The first time I came to Bali and started the Batik brand Oedel, I didn't know anyone or of any events that I could join to help promote Oedel. So, I went around Bali to look for events like bazaars, weekend and weekday markets. I visited Canggu, Sanur, Uluwatu and other popular ends of Bali. From these travels I made new connections and friends who were going through a similar process of their own. And thus, we continued along this path together. One of the connections that I made on these trips was the multi-talented Meity. Meity often took part in state events, and was the one who introduced me to the G20 committee, and together we were invited to have a spot in the G20 event at the Nusa Dua Markets.

HowToBali: How was the experience and what other interesting booths were there?

Theresia: The euphoria of joining this world event in Bali, Indonesia was huge and I feel so happy and proud! There were so many booths that were interesting! There were lots of extraordinary and handmade creations by Indonesian people. I also saw something new and cool which were the booths for electric motorbikes, cars and buses with futuristic designs. There was also a variety of traditional food available. All sides of the market had interesting and unique stands which were attended by various ministers and guests of the country.

HowToBali: How do you see Oedel evolving in the coming year and years?

Theresia: From year to year, Oedel learns to understand more of what the customers want. I think that I'm slowly moving towards making custom pieces with stories and art that are specific to customers and each order. An example of this evolution is when I made a special event outfit for Tasya Karissa, a co-founder of Biorock. This event which she attended was held by the AIS (Archipelagic and Island States) Forum. There, she spoke in front of 46 international country delegates about solutions for the issues facing the world's oceans. And so, the designs that I created for her offered stories from the batik motif; sea waves. My current collection can be found at Bintang Supermarket in Ubud and Seminyak.

Interviewed by Thirumoolar Devar

oedel.id

Old School, New Blood

The word "Legend," can refer to both, the living for which stories are told, and also, the eternal stories which live for the generations. As with technology and evolution, our application of tools and knowledge is a layered experience of the legends who've paved the way for us. How one reacts to the changing tides; the ebb and flow of life's journey is what makes legends. Through them, we learn about the tenacity required to realize our dreams.

Born in 1954, legendary surfboard shaper, Bruce Hansel's passion for surfing was cultivated in the transitional days of the shortboard revolution. After stints in California, Mexico, and El Salvador, he earned notoriety on Northshore Hawaii's world-famous Pipeline. After yearly trips to Indonesia he made it home in 1999. He started a legal registered business importing blanks and materials from Australia and to this day lives his dream of handcrafting custom boards in Bali. Bruce's daughter, Cinta Hansel, is a local surfing champion. She's already carved a few legends into the waves of time herself!

HowToBali talked with the Bruce Hansel to illuminate a little upon the journey to today, still making custom surfboards and still making new legends...

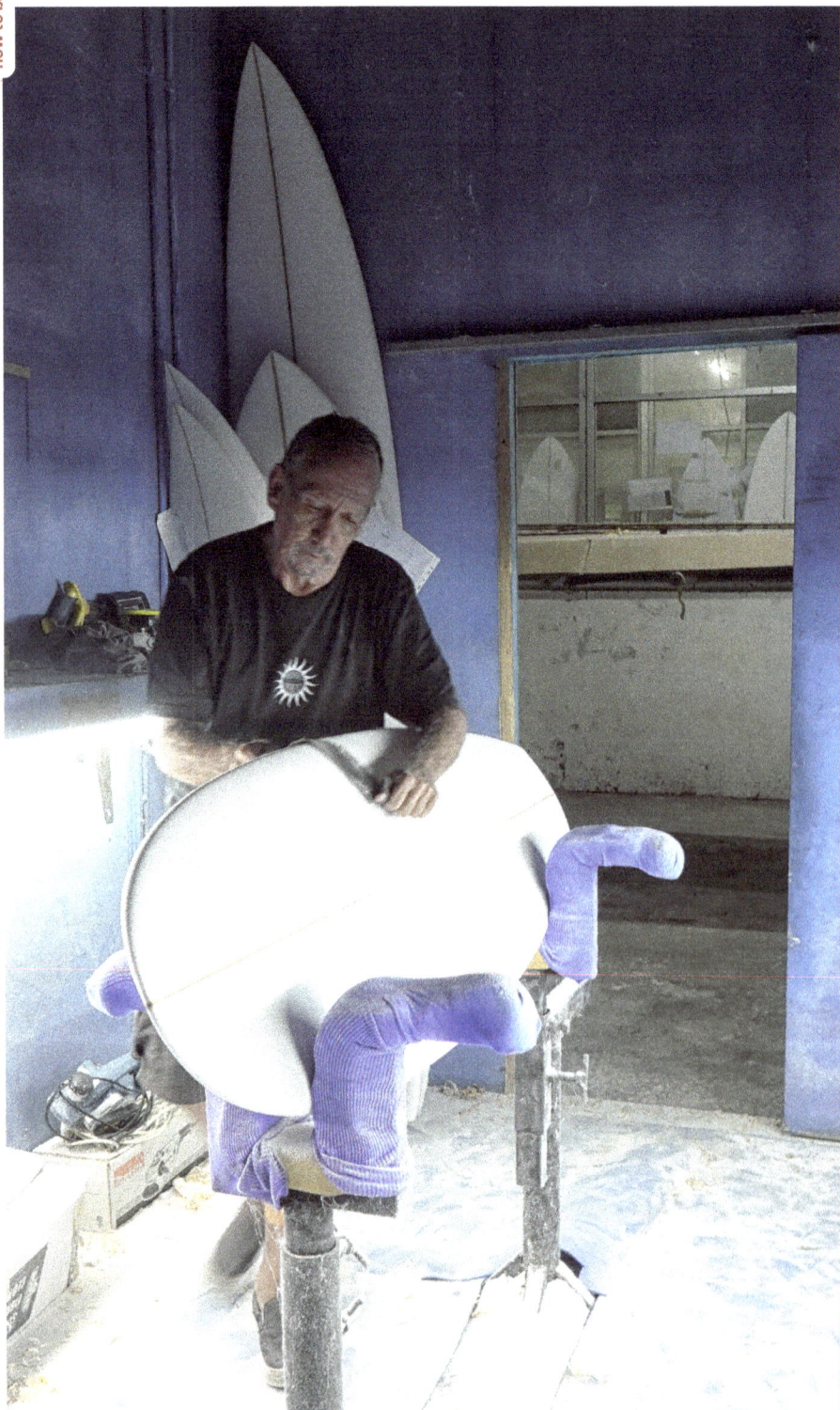

HowToBali: Where did you start surfing?

BH: I started surfing on the Gulf Coast of Florida. But I would often get rides with the older crew to go surf East Coast. And when I was 12 years old, I started to spend the summers with my dad in Satellite Beach, Florida which is south of Coco Beach. My surfing advanced dramatically after that first summer. And in the winters I was so hungry for surf I would hitchhike 100 miles across the state to surf for the weekend! Gnarly! LOL!!

HowToBali: ..and thus began an illustrius career in surfing?

BH: I started competition on the Gulf Coast of Florida at Holmes Beach (North of Sarasota) in 1969 and got 3rd in my age division. In 1970, I got 2nd. I competed for years in Coco Beach while staying with my dad in summer times, and my mom would take me on spring break to compete in Coco Beach and we would camp out!

In 1976 I got recognized for advancing 3 heats by the local magazine, Waverider. They printed my photo in a small barrel and about how I hitchhiked 100 miles to be in the competition!!!

I went to Hawaii in 1979 and entered the pro-class trials at Sunset Beach. Day one was too big for Sunset and it moved to 15"+ Haleiwa! I won 2 heats and advanced to the quarter-finals back at 10-12" Sunset. I lost my heat, but for a Florida rookie, my new Hawaiian friends were blown away.

After the pro-class trials, I wanted to compete in the Pipe Masters. I sent Randy Rarick an intro letter asking how I could get in. He arranged a meeting with me and told me he wanted me to surf for and represent Hawaii in the Pipe Masters. I wanted to represent Florida. He said, "no. If I'm gonna put you in, you're representing Hawaii." I said, "...but, I'm gonna get my ass kicked. I just arrived here. I'm from Florida." He goes, "na, you're protected." I found out later, yeah - I was protected. ...by the Black Shorts!!

He also told me I needed to go back East to compete and get points to qualify in the IPS (the original organization before the ASP and WSL). I first had a comp in New Jersey. I bombed out! From New Jersey I got a ride to Florida, my home state. The comp would be held at Sebastian Inlet. But the hurricane blew through and blocked the road with downed trees and the comp got held at Canaveral Pier in 1 foot slop. Anyway, I was riding a twin-fin, shaped by Cort Gion, which really helped me surf

Bruce Hansel at Padang Padang for Surfers Journal
photo: **Don King**

such small waves. I was hanging out with the Hawaiian guys, because I already knew them! So, they call me over, and I end up in a car with Michael Ho, Dane Kealoha, and Buttons. Me and Michael were gonna have our man on man heat together because I got into the main event. All I needed to do was compete in that heat. I didn't even need to win. I said, "hey Michael, c'mon man, you're not even gonna compete the whole comp - you're going back to California tonight" (because the swell hit there), and he's laughing and said, "yeah, but I'm still gonna kick your ass." He did... well... sorta... I mean... we battled. Anyway, that heat with Michael put me into the Pipe Masters. It was front page news in Cocoa Beach; that I advanced to the main event.

Peter Townend came up and congratulated me and told me Rarick had called from Hawaii to say; I was in the Pipe Masters, representing Hawaii. I was protected by The Hui! I was 23 years old. I got invited to the Pipe Masters 4 times.

HowToBali: What was the feeling of having a magazine shot at Pipe "back in the day?

BH: It's a lot different, because not so many photos came out all the time like now in the digital age. You only got a chance to get featured in a magazine and the major ones were *Surfer* or *Surfing*. So, if you got in there you were really somebody! And if you continued to get in there, you're definitely somebody! I had a couple shots in the bag back in Florida. When I flew to live in Hawaii, I'd only been there maybe 4 or 5 months and I'm working in the health food store bagging up the bulk food. A friend of mine walks in and just opens the magazine to the

centerfold; it's me in the barrel at Pipeline, but they had the wrong name on the photo. So, I had to write a letter to the magazine and correct them. They published the correction. Yeah, it was a lot different. It meant a lot more. Now, anybody and everybody can post their photos. Back then, no! You couldn't do that! You only got what you got, and you were only who you were! You couldn't make yourself somebody that you're not, kinda like people do nowadays. We were the Pipeline Underground. And we became the Pipeline Underground because of *Surfer Magazine*. They ran our photos and they called us that. Another year, I'm at my house at Rocky Point, and Jeff Divine, a photographer for *Surfer Magazine*; he comes over to my house and

walks up and opens up the magazine - shows me this giant wave at Second Reef of me doing a bottom turn getting ready to pull into the barrel. He goes, "hey, waddya you think about that?" I said, "wow! That's crazy." He goes, "yeah, but wait a minute; read the caption." The caption was, "Bruce Hansel, the vanguard of the Pipeline Underground." This was about 2 or 3 years after the Pipeline Underground had been named by *Surfer Magazine*. I was like, "what!?!" I'm trippin, I'm from Florida and you guys are calling me the head of the Pipeline Underground now? It was crazy. Yeah.

But it's great to see Cinta get all her coverage and in the online magazines and stuff. Yeah, it's great!

Cinta Hansel
photo: @oscrjms_

Cinta Hansel
photo: Billabong Asia

HowToBali: When did you move to Bali?

BH: I arrived in Bali to live permanently in 1999, after surfing in Bali every year for 2-3 months since 1981. My first daughter was born with cerebral palsy and I wanted to move to Bali with my Indonesian wife so we could have family to help with our daughter. My plan was to start a Surfboard Business. I created a logo called "Indo Ski" and promoting it while still in Hawaii. I was already riding the boards in Bali and G-Land etc., with great success and compliments from Gerry Lopez and Dennis Pang.

HowToBali: So, you left the world's most iconic surf spot, the Banzai Pipeline, and then you're at the newly discovered and also notorious, Balinese pipeline, Padang Padang?

BH: It was incredible, the waves, the people, everything. My experience was a bit different. Straight away, my board carrier saw how much I liked to surf from the morning all the way through the day until the evening. I'd go ride my motorbike back to Kuta in the dark. One day he said, "hey Bruce you already know the waves are good on the full moon and the new moon." I said, "yeah, I know that." He said, "you know you're always welcome to stay at my house. We can bring you cold beer back from the warung and we'll get a chicken and we got vegetables and rice and you can eat dinner. You just give us a little bit for the chicken.." And so I did. I took him up on it. As soon as I did it one time, I did it every moon. I would stay at Uluwatu for two or three days, two days after the moon. I mean, before swell predictions, forecast, and all that; you just knew by the moon that the swell was gonna come on the moon. I kept trying to get my friends; it would get a bit boring and lonely out there... and in the mornings I'd be surfing by myself. In the evenings I'd be surfing almost

nobody out. I'd get Outside Corner and Padang in the same day. I would surf Outside Corner in the morning, Padang during the day and back to Outside Corner in the evening. You know, like, how can you beat that? I could never get -not one of my friends ever took me up on it. I mean, yeah, so my experience was different from a lot of people. I stayed at Uluwatu on the moons!

Padang Padang was great when it was uncrowded. But as soon as they built that bridge connecting Uluwatu to Padang.. You didn't have to walk down there anymore and then they paved the road down there and you didn't have to drive down that bumpy limestone road anymore. I preferred to walk from Uluwatu

anyway. But then it was over. All the locals wanted to surf it more than ever. They all wanted to get in the magazine or videos. It became a very competitive vibe out there. They'd still give me waves, but I just got over it. I just kept surfing Outside Corner more than Padang after that.

HowToBali: How did you originally get into shaping?

BH: Technically, I shaped my first surfboard in 1967. I saw the latest Surfer Magazine with the Shortboard Revolution starting. It was written that surfers in Australia were starting to strip the fiberglass off their longboards and cut them down to 8'0'' and shorter. I watched the World

Titles held in Puerto Rico and saw Wayne Lynch and Reno Abellira riding boards shorter than 7'0"! They were the best Surfers in the water but didn't win! The fire was sparked! I went to the Local Bait and Tackle Shop where my first 2 Longboards were bought, but they had nothing new. I walked in the back to watch a guy doing ding repair and saw him using a grinder and a small sander! I looked through the store and found a roll of fibreglass and resin. To make a long story short I went home and chopped my 9'6" board down to 6'10", and when I was having trouble with glassing before the resin went off my mom jumped in to help finish!!! I went surfing about 3 days later and got 3 orders when I went to the beach! I recruited my 2 best friends Chris Lundy and Kevin Stecker to help and we formed a backyard surfboard company called Metamorphosis with a butterfly logo, taken from the Iron Butterfly album by the same name!

So, I was shaping at 12 years old for 4 years, until I was 16. Then I was getting sponsored by a shop to ride major brands from California. I rode boards shaped by Cort Gion for most of the time. When Cort moved to Oregon I started riding for Eric Arakawa on his B-Team in Hawaii. After the birth of my first child, I started shaping again at 41 years old. I went and bought all the tools needed to start shaping again. That would be 1995. I was working at Bill Barnfield's factory in Haleiwa and working for Arakawa, airbrushing. I had just shaped my first board and put it in the stand-up racks waiting for glassing. I had signed it #1. And I came out of my room to see Dave Parmenter handling my board and fully checking it out! He spotted me and asked "really, number one???" I answered "yes, after 25 years and not shaping much before then …" He said, "well don't STOP! I've seen guys shape 200 boards and nowhere close to as good as this!!! And shaping has changed since you stopped. This is excellent!"

Cinta gives me feedback about her boards, all the time. That's one of the reasons why my boards have gotten so good over the years, is because of her. She's really good on giving feedback. She's smart about her boards, and tells me what the

feeling is here and there and whatever.

HowToBali: How does the competition part of your surfing experience fit juxtaposed to "soul surfing?"

BH: I'm always a "soul surfer", when I'm not competing, but I'm very competitive. I couldn't live without competing! I've competed nearly my entire surfing life! Even when I retired from competing at Pipeline, I'd still enter competitions here and there. If something came up, I couldn't help myself; I'd compete. I'm a competitor.

It's great seeing Cinta wanna compete. In the beginning I told her not to. I told her she would hate it, and it's a horrible feeling when you lose. But, she thrives off of it just like I did. She can't help herself. She wants to compete! When she asked me to compete and I took her for her first competition, yeah that was it. Game on! Never stopped, Kept going. She's had her ups and downs with injuries and bad judging and bad calls by the surfing organizations or whatever. And it really puts her down but she can't help herself. When she gets a chance to compete, there she is; she's competing again!

Interview & shop photos by Thirumoolar Devar

Bruce Hansel
photo: Don King

Bruce Hansel
photo: Ralph Cippola

Bruce Hansel
photo: Mike Waggoner / Surfer Magazine

Cinta Hansel
photo: unknown

Handcrafted SurfBoards

by

BH Custom Bukit Bali
HANSEL Hi-Performance

Surf's Up!!

- How much money is enough money?, 2021

Wild Drawing

About WD

WD (Wild Drawing) was born and raised on Bali Indonesia and has degrees in both Fine Arts and Applied Arts. He started painting in the street in 2000 and since then he spends most of his time working there, although he never stopped working in his studio too. WD has participated in festivals and exhibitions in Asia, Europe and the Americas while his work is featured in Street Art books worldwide.

His EastWest sociocultural background is combined in a unique way that makes his style particularly recognizable. WD focuses on large-scale murals created with roller brushes and acrylic paints, and always interacts with the spot where he is working by incorporating various elements of it into his work, so there is harmony between the mural and the spot where it was painted. His work - 3D anamorphic with optical illusions - is influenced by Comics, Graphic Novels and Fantastic Art, while he mainly gets inspired by social phenomena, lifestyle, art or nature.

What he loves most about painting

- Covid-19 vs Poverty, 2020

- Owlself, 2015

in the street is the unique freedom of expression and the fact that Street Art is freely accessed by everyone without social, economic, cultural or other limitations. Moreover through his art has the chance to speak about the big issue of the re-appropriation of Public Space. All this offsets the ephemeral nature of his art. After all, if he was interested in making artworks that stand the test of time he would do canvas paintings only. WD is currently based in Athens, Greece.

More about the artist:

instagram.com/wd_wilddrawing

facebook.com/wd.street.art

youtube.com/channel/
UCO0eyhZ16VjnFasQo5VXV8Q

how to bali / street art

- Message, 2020

Doors @ Kesari

TUGU APIT LAWANG

Doors by Design

Architecture notoriously ornate suggest both attitude and humility at once. There is something to be said to a culture's ability to transcend basic survival pursuit. In that light an expression and creation rebounds, refracts, returns the mirth of existence to whence it originated.

In this vein, fascination of art and function compliment each other perfectly.

photos: TheIntenseCalm.com

TUGU APIT LAWANG

fabled photos

THE INTENSE CALM

Kandui Villas

Mentawai Luxury Surf Resort

baby steps

Photos taken in Sept. 2021 ins a remote jungle village in East-Bali for a baby's 1-year old birthday ceremony by Thirumoolar Devar TheIntenseCalm.com

how to bali / adventure

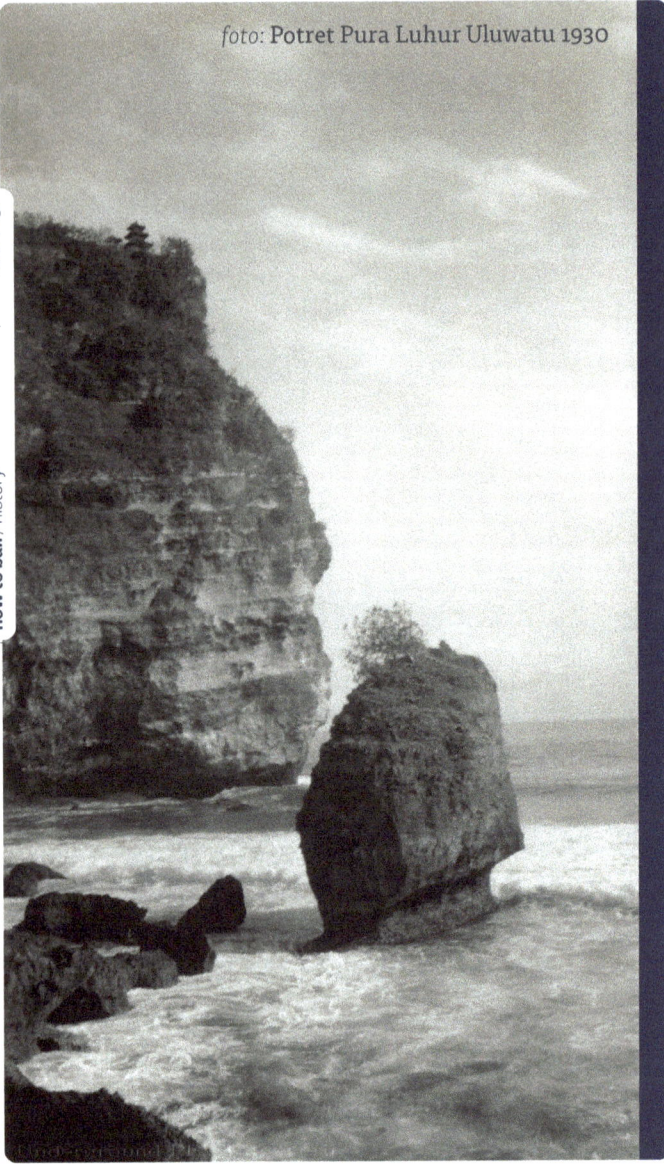

foto: Potret Pura Luhur Uluwatu 1930

Vintage Kecak

foto: EFD (Bali), [1935]

Portal of Embarkation

illustration: Ngurah Yudha
story & coloring: Thirumoolar Devar

INHALE...

...EXHALE

THE CITY CAN BE FUN, BUT IT'S NOT A SUSTAINABLE LIFESTYLE ON IT'S OWN. IT'S LIKE I FEEL AN EVER-IMPENDING SELF-DESTRUCT

cell contribution
Agung Tattoos

LOST IN THOUGHT HE DIDN'T NOTICE THE QUICKLY APPROACHING STORM

..SHE USED TO TELL ME, "EVERYTHING HAPPENS FOR A REASON." I BELIEVE THAT... MAYBE TO MY DETRIMENT...

WELCOME TO THE ASTRAL-THREAD SHUTTLE-BUS. DO YOU HAVE A DESTINATION IN MIND OR JUST ALONG FOR THE RIDE?

HUH!?! SAY WHAT?

YES, SIR. WE'RE ON A TRAIN AROUND THE EARTHS AFLOATING, PROPELLED BY ENERGY WAVES. THE ENERGY WAVES ARE GUIDED BY MAGNETIC GRAVITY

www.ingramcontent.com/pod-product-compliance
Lightning Source LLC
Chambersburg PA
CBHW061011030426
42335CB00029B/3372

Salam & Sapaan

Hai-Kata yang biasa kita ucapkan ketika bertemu dan saling menyapa. Good Morning, Bonjour, Sawadikap, Ohayou Gozaimasu sudah banyak kita dengar sebagai salam dari berbagai macam belahan dunia. Tak lupa Bali, Pulau Dewata Pulau seribu pura pun memiliki salamnya sendiri. Kita mengucapkannya dengan Om Swastiastu dengan kedua tangan yang disatukan di depan dada dan ujung jari mengarah ke atas. Namun itu tidak wajib, menyesuaikan kondisi. Setiap kalian sampai di Bali, kalimat tersebut tidak akan asing lagi terdengar karena akan kami ucapkan setiap bertemu. Semua tempat di bali akan menyambut kalian dengan Om Swastiastu. Orang bali menyebutnya sebagai salam dan menyimpan arti yang sangat menenangkan.

Om: *Tuhan yang kita sebut sebagai Sang Hyang Widhi*
Su: *baik*
Asti: *ada*
Astu: *semoga*

Semoga ada dalam keadaan baik atas karunia Tuhan. Sangat menenangkan kita bisa saling mengucap salam dan sambil saling mendoakan. Sambutan tersebut akan mendoakan kalian untuk selalu dilindungi oleh Tuhan dan hidup harmonis sesama makluk hidup lainnya.

Awal yang cukup menenangkan bukan? Sangat banyak hal yang menenangkan lainnya yang bisa kalian temui di Bali.

Om Suastiastu juga biasa diucapkan ketika seseorang melakukan sebuah pidato, persembahyangan dan doa umat hindu. Keharmonisan yang tercipta sebetulnya berasal dari hubungan kita dengan sesama makhluk hidup. Saling menghargai menjadi kunci utama dalam mengurangi perselisihan. Ada orang berkata bahwa ucapan adalah doa. Dimana semua kalimat yang kita lontarkan bisa menjadi doa yang kita berikan kepada lawan bicara. Om Suastiastu merupakan kalimat positif untuk mendoakan orang lain demi keharmonisan bersama. Namun, setiap awal pasti selalu memiliki akhir.

Kata Om Suastiastu akan diakhiri dengan Om Santih Santih Santih Om di setiap doa dan setiap pidato di Bali. Setiap ucapan dalam Agama Hindu dipercaya sebagai doa, sehingga umat Hindu selalu diajarkan untuk berusaha mengucapkan kata-kata baik agar diberkati dengan hal baik. Om Santih Santih Santih Om akan menjadi kalimat penutup yang memiliki arti menenangkan.

Om: *Tuhan yang kita sebut sebagai Sang Hyang Widhi*
Santih: *Damai*

Kata penutup ini memiliki arti Semoga selamat dan semoga damai di hati, damai di bumi, dan damai selalu. Harapan dari pengucapan ungkapan tersebut adalah agar apa yang ditulis, apa yang dilakukan, atau persembahyangan yang dilakukan membawa kedamaian dan kebaikan.

Nah, sekarang anda sudah mengetahui dua kalimat umum yang sering terdengar di pulau Bali. Setiap kalimat yang kita ucapkan akan selalu membawa niat damai. Jadi tunggu apa lagi? Ayo, berkunjung ke pulau Bali!

- Triana Ardi

Penerbit
Earth Afloat Publishing

Direktur Karya Seni & Redaktur eksekutif
Thirumoolar Devar

Redaktur
Kayli Wouters

Administrasi
Farin Mufarohah

Penulis
Kayli Wouters
Triana Ardi
Allison Moore
Thirumoolar Devar

Terjemahan
Kayli Wouters
Farin Mufarohah

Ilustrasi
Ngurah Yudha

InDesign Layout & Produksi Iklan
Thirumoolar Devar

Fotografi Sampul: @frenzezca
Fransisca Kusumaningrum
Designer Oedel: Theresia Debby
@oedelstyle @dbee_curly
Talent: Anggun Dae
@anggundae
Locasi: Jati Luwih, Bali

HowToBali.com
Produser
Thirumoolar Devar

Pemrograman
Fery Satria Kristianto

Desain Grafis
Valencia Huang

EARTH AFLOAT PUBLISHING
© HAK CIPTA 2023
EDISI BAHASA INDONESIA
ISBN: 979-8-9878538-0-1

Lihatlah ke dalam

Earth Afloat!

Bali

Cokelat Organik

Mural itu langsung menarik perhatian saya. "Siapa itu,?" Saya bertanya. Alit tertawa kecil dan menjawab, "Dahulu kala, Kakao terbaik diperuntukkan bagi raja. Sekarang, kita semua bisa makan coklat murni seperti bangsawan."

Inilah kisahnya tentang bagaimana beliau memulai Cau Chocolate dan perjalanan yang mengubah hidupnya...

Bali Mantap: Halo!..Terima kasih telah berbincang dengan kami. Kapan anda memulai Cau dan apa yang membuat anda mendirikan Cau?

Alit: Saya adalah seorang penyuluh pertanian yang bekerja di Balai Pengkajian Teknologi Pertanian (BPTP) di Denpasar, Bali. Sebagai seorang penyuluh pertanian, yang telah bekerja lenih dari 35 tahun, dengan pekerjaan utama saya adalah mendampingi petani untuk mengembangkan usahataninya agar bisa memberikan pendapatan yang baik dan mampu memenuhi kebutuhan keluarganya untuk hidup, sekolah dan bergaia kegiatan sosial.

Selama saya bekerja sebagai penyuluh, ternyata sangat sulit untuk meningkatkan pendapatan petani. Hal tersebut disebabkan oleh banyak faktor, seperti serangan hama penyakit terhadap tanaman yang mereka tanam, harga yang sangat murah saat musim panen. Di lain pihak harga sarana produksi pertanian seperti pupuk, pestisida cenderung meningkat dari waktu ke waktu. Akhirnya kesejahteraan petani yang menjadi tujuan penyuluhan pertanian hanya sebuah mimpi.

Setelah saya cermati dengan baik, ternyata kebutuhan petani sangat sederhana, yaitu bagaimana mereka bisa menjual hasil panen dari usahatninya dengan harga yang layak, sehingga memberikan keuntungan yang baik. Intinya adalah sebuah nilai ekonomi yang layak untuk diterima oleh petani.

Nilai ekonomi untuk produk pertanian ada di sektor hilir, sedangkan petani bekerja di sektor hulu.

Oleh karena itu harus orang yang serius untuk memperhatikan hal tersebut. Bagaimana caranya agar nilai ekonomi yang lebih tinggi di bagian hilir (off farm), bisa dinikmati atau diterima oleh petani yang bekerja di bagian hulu (on farm).

Untuk itulah saya mendirikan perusahaan PT. Cau Coklat Internasional, yang mengolah biji kakao yang dihasilkan petani.

Pekerjaan atau profesi saya sebagai seorang penyuluh pertanian tetap bisa saya lakukan, untuk membimbing petani menghasilkan biji kakao yang baik sesuai dengan standard yang kami tetapkan dalam perusahaan. Sehingga semua biji kakao binaan Cau Chocolates dapat kami beli dengan harga yang baik yang pada akhirnya akan mampu memberikan pendapatan yang lebih bagi petani kakao.

Bali Mantap: Apakah cokelat anda organik dan apa arti organik?

Alit: Ya …. saya fokus untuk mengembangkan cokelat organik.

Kebetulan pendidikan Master dan doktor saya adalah tentang Pengelolaan Sumberdaya Alam dan Lingkungan, Saya lulusan dari IPB University Bogor. Saya sedikit mengerti tentang bagaimana kondisi lingkungan kita saat ini, terutama bagaimana dampak pertanian modern terhadap lingkungan dan kesehatan manusia. Kerusakan lingkungan kita kini semakin parah,

dan sangat mengganggu kesehatan manusia. Hal tersebut salah satu penyebabnya adalah meningkatnya penggunaan bahan-bahan kimia sintetis pada sistem budidaya pertanian, yang pada akhirnya menyebabkan makanan dari produk pertanian yang kita konsumsi merupakan makanan yang kurang sehat, karena banyak mengandung bahan-bahan kimia beracun yang ada pada pupuk dan obat-obatan pertanian, yang menjadi residu pada produk pertanian yang kita konsumsi.

Untuk itulah saya fokus untuk mengembangkan pertanian organik, khususnya kakao organik. Pengembangan kakao organik memberikan banyak keuntungan antara lain: 1) Mengurangi penggunaan bahan kimia sintetis pada sistem budidaya pertanian; 2) Akan mengurangi biaya produksi pertanian; 3) produk pertanian yang dihasilkan adalah produk pertanian yang sehat, karena berkurangnya residu bahan kimia beracun dalam produk pertanian tersebut; 4) Lingkungan (tanah, air, udara) juga semakin sehat; 5) Harga produk pertanian yang dihasilkan petani akan lebih mahal; 6) Masyarakat yang mengkonsumsinya juga semakin sehat; 7) dan banyak lagi keuntungan lainnya.

Selanjutnya kami sebagai

pengusaha cokelat yang memproduksi cokelat organik, juga akan mampu memberikan produk cokelat yang sehat bagi konsumen. Karena tidak ada cokelat organik yang akan dihasilkan oleh perusahaan pengolah cokelat, tanpa menggunakan biji kakao organik. Kita ketahui bahwa biji kakao dihasilkan oleh petani kakao, sehingga kerjasama yang baik antara PT. Cau Coklat Internasional dengan petani kakao harus berjalan dengan baik dan harmonis.

Pertanian organik, sesungguhnya adalah sebuah

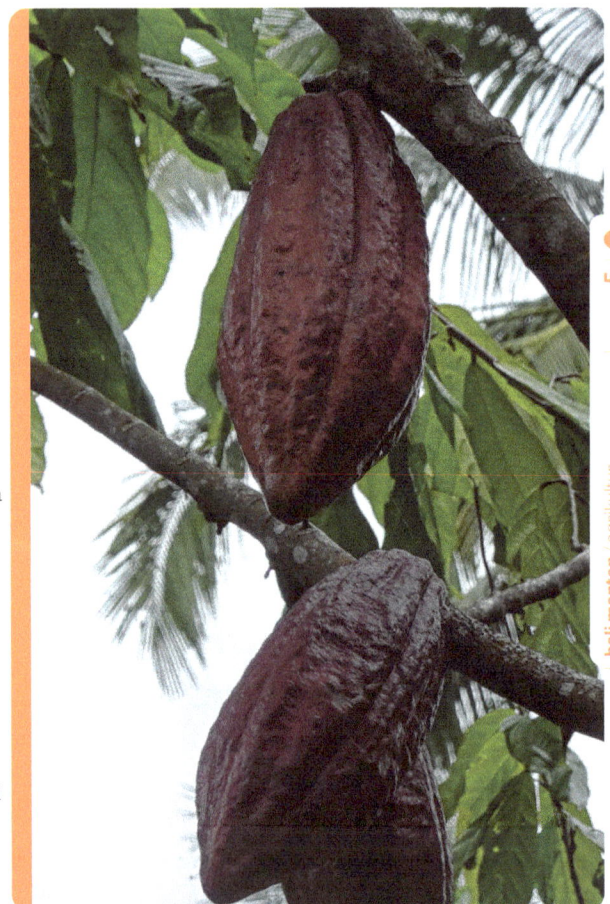

"Sustainable farming (pertanian berkelanjutan) maksudnya adalah system

Apa yang dimaksud dengan berkelanjutan?

pertanian yang tidak merusak alam. Pertanian organik adalah salah satu praktek pertanian berkelanjutan. Karena dalam system pertanian organik, sangat selaras dengan philoshophy orang Bali, yaitu Tri Hita Karana, yang bermakna untuk mendapatkan kebahagiaan melalui tiga jalan, yaitu: 1) Menyelaraskan hubungan antara manusia dengan manusia; 2) Menyelaraskan hubungan antara manusia dengan alam (salah satunya melalui pertanian organik); dan 3) Menyelaraskan hubungan antara manusia dengan Tuhan Yang Maha Kuasa.

proses untuk menghasilkan produk pertanian dengan menggunakan system budidaya organik.

Apa yang dimaksud dengan berkelanjutan?

Alit: Melalui pertanian organik, selain merupakan salah satu implementasi philoshophy orang Bali, juga merupakan salah satu praktek masyarakat khususnya petani dalam menyelamatkan lingkungan, sehingga tetap bisa kita wariskan kepada anak cucu kita dalam kondisi yang baik (tidak rusak). Pertaian organik, selain merupakan sebuah praktek pertanian berkelanjutan juga akan memberikan hasil atau pendapatan yang lebih baik kepada petani sebagai produsen.

Bali Mantap: Apa pendapat anda tentang produk artisan lokal, baik dari segi: komersial/branding, persaingan lainnya, dan tujuan bersama untuk Bali?

Alit: Cokelat artisan mulai banyak dikenal dan diproduksi oleh beberapa produsen. Umumnya produk artisan, khususnya cokelat artisan memiliki segmen pasar tertentu, karena saat ini cenderung dijual dengan harga yang lebih mahal. Bagi orang awam relative sulit membedakan cokelat artisan dengan cokelat non artisan (cokelat pada umumnya).

Sebagaimana kita ketahui bahwa produk pertanian yang dihasilkan petani akan sangat dipengaruhi oleh berbagai factor lingkungan

dimana dan kapan produk pertanian itu dihasilkan. Seperti biji kakao di Bali, sedikit ada perbedaan rasa antara biji kakao yang dihasilkan oleh petani di kabupaten Tabanan, Buleleng, Jemberana maupun daerah lainnya. Namun rasa itu tidak akan muncul jika tidak dilakukan proses yang baik dan benar dalam menghasilkan cokelat, seperti proses fermentasi, roasting dan lainnya.

Dari segi komersial saat ini secara umum, belum memberikan dampak yang kuat, karena produsen maupun konseumennya masih sangat terbatas. Perlu upaya yang terus-menerus untuk mem-branding produk artisan, apalagi yang berkaitan dengan budaya local.

Bali Mantap: Saya melihat bahwa bekerja untuk mencapai tujuan bisa mengubah kita. Jika Anda berpikir kembali ketika Cau hanyalah sebuah ide, dan bandingkan dengan sekarang, Bagaimana perasaan anda karena telah terlibat secara pribadi?

Alit: Pertama saya meresa sangat bersyukur, karena setidaknya saya bisa membantu para petani khususnya petani kakao di Bali untuk: 1) menghasilkan produk pangan yang sehat; 2) menghasilkan pendapatan yang lebih baik; 3) memberikan kontribusi dalam penyelamatan lingkungan.

Saya semakin percaya diri, bahwa jika kita mau untuk melakukan sesuatu dengan tujuan

yang baik, pasti hal itu akan bisa kita lakukan. Walaupun dalam perjalanannya sangat tidak mudah dan banyak sekali rintangan, baik internal maupun eksternal.

Bali Mantap: Kenapa cokelat meleleh saat di tangan?

Alit: Gokelat yang baik akan meleleh pada suhu 37°C. Kita ketahui bahwa suhu tubuh manusia yang sehat dan normal adalah 37°C. Jadi jika ada cokelat yang meleleh di tangan itu membuktikan bahwa cokelat tersebut adalah cokelat yang asli dan baik dan proses pembuatannya. Oleh karena itu untuk memakan cokelat tidak perlu dikunyah, tetapi cukup di taruh dalam mulut dan cokelat yang baik akan meleleh sendiri dan kita bisa langsung makan..

Berbicara dengan Dr. Ir. I Wayan Alit Artha Wiguna
Wawancara dan Foto oleh Thirumoolar Devar

Cau Chocolates

Batik Modern

Oedel adalah brand pakaian dan fashion yang berkembang yang baru-baru ini dipilih menjadi host di stan konferensi G20. yang memberi pilihan corak alami pada batik. HowToBali bertemu dengan pemilik sekaligus designer, Theresia. Beliau adalah orang Indonesia yang melakukan perjalanan serta tinggal di seluruh dunia. Beliau kembali ke Indonesia untuk mendirikan brand dan tempat di Bali. Kami ingin menanyakan bagaimana beliau bisa berada di titik sekarang ini dan rencana ke depan.

Bali Mantap: Hello! Terimakasih telah meluangkan waktu untuk berbicang-bincang bersama kami.

Kapan anda mulai bermimpi untuk memiki brand sendiri?

Theresia: Pertama kali saya bermimpi untuk mempunyai brand sendiri pada saat saya melakukan perjalan ke Eropa sendirian. Saya mengunjungi 7 negara dan saat saya berada di Belgia, saya melihat banyak sekali toko dengan fashion yang bagus. Kemudian ada suara di kepala saya berkata " Bagaimana jika di sana ada toko fashion tetapi dengan konsep batik?" Saya sangat tertarik dengan kemungkinan untuk menampilkan budaya Indonesia di negara lain.

Bali Mantap: Sejak itu, anda membutuhkan waktu berapa lama untuk membuat logo dan label untuk produk pertama anda, dan produk apa?

Theresia: Setelah perjalanan saya ke Eropa, saya kembali ke Indonesia dan memutuskan untuk pindah ke Bali, hub internasional, dan membuat lini pakaian budaya di sana. Saya ingin Batik Indonesia bisa dibawa ke negara lain. Butuh 5 bulan sampai saya bisa menempatkan logo pada produksi pertama di Pulau Dewata. Produksi pertama adalah baju atasan wanita. Oedel (pusar) menampilkan ini sebagai ekspresi kebebasan dalam gaya dengan paduan budaya.

Bali Mantap: Reaksi apa yang didapatkan saat orang-orang tahu tentang style baru Batik?

Theresia: Reaksi dari turis luar negeri adalah kekaguman mereka akan motif batik Indonesia yang cantik dan proses pembuatannya yang tradisional

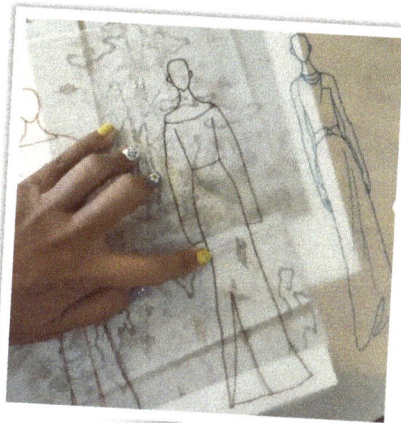

menggunakan malam panas (hot wax), tak hanya menarik untuk diamati motif - motif batik, namun disetiap guratan motif terdapat cerita atau sejarah.

Bali Mantap: Feedback apa yang paling menarik yang anda dapat?

Theresia: Feedback menarik yang saya dapatkan dari beberapa customer langganan adalah mereka sangat menyukai style batik unik Oedel. Mereka menyebutkan bahwa untuk mendapatkan batik yang tepat itu sulit, tapi Oedel dapat memberikan solusi, disamping membawa budaya tetapi tetap terlihat trendi dan stylish.

Bali Mantap: Siapa designer lokal dan pengalaman apa yang menginspirasi anda tentang Batik?

Theresia: Almarhum nenek saya tinggal di Pekalongan, Kota Batik, jadi saya sudah dipapar oleh cerita dan motif-motif batik yang cantik semenjak dini. Kemudian saya pindah ke Salatiga dan hanya 1 jam saja menuju Solo yang merupakan salah satu kota batik juga, disana saya belajar membatik dan menghargai budaya Indonesia lebih lagi. Dari situ, inspirasi saya untuk melestarikan batik dan berbagi cerita lewat motif - motif batik ke dunia.

Bali Mantap: Apa reaksi dan komentar yang anda dapatkan dari orang Indonesia tentang design anda?

Theresia: Reaksi dari turis/ pengunjung dalam negeri mengenai Oedel adalah, pertama mereka akan terbahak/ tertawa karena kata "Oedel"sudah termasuk eye catching dan membawa keingintahuan tentang nama brand itu sendiri (Oedel = pusar), mereka dapat merasakan bahwa karya

Oedel
Fashion

Oedel batik itu cantik, berbeda dan unik, tak hanya pilihan motif batik Oedel yang berwarna-warni tapi juga menampilkan modernitas di tiap model nya. mereka benar-benar mengerti bahwa Oedel menjunjung tema tradisional batik yang kekinian/keren.

Bali Mantap: Bagaimana anda bisa terlibat dalam acara G20?

Theresia: Saya mendapatkan undangan dari teman yang aktif dalam "aktifitas kenegaraan." Pertama kali saya ke Bali dan membangun brand batik Oedel, saya tak kenal siapapun, tak tahu acara apa yang mesti diikuti untuk memperkenalkan Oedel ke seluruh umat manusia, jadi saya keliling Bali untuk mencari events seperti Bazaar, Sunday market, weekend market, weekday market di Canggu, Sanur, Uluwatu dan segala ujung Bali. Dari situ saya mendapatkan koneksi dan teman-teman baru dengan perjuangan yang sama, kami berjuang bersama memperkenalkan hasil karya kami. salah satu koneksi yang saya dapatkan adalah seorang pejuang dan multi talented yang sering berkiprah di acara kenegaraan, namanya Meity, dia mengajak saya dan memperkenalkan saya dengan panitia G20 dan kami mendapat spot di G20 di "Pasar Nusa Dua".

Bali Mantap: Bagaimana pengalaman tersebut dan apakah stan lainnya menarik?

Theresia: Pengalaman saya campur aduk, sangat bangga dan berbahagia telah dapat menjadi salah satu partisipan dalam meramaikan acara dunia bersama dengan teman-teman pelaku usaha dari seluruh Indonesia. Banyak sekali karya anak bangsa luar biasa dan pembuatannya dari awal menggunakan tangan, handmade. Juga saya jadi melihat hal baru yang hebat, transportasi listrik dari motor listrik, mobil listrik, bus listrik dan semua dengan desain yang futuristik! Berbagai makanan tradisional pun tersedia, segala sisi dan ujung memiliki stand - stand luar biasa dengan acara yang dihadiri oleh berbagai mentri dan tamu negara!

Bali Mantap: Bagaimana anda melihat Oedel berkembang tahun depan dan tahun-tahun mendatang?

Theresia: Oedel lebih dapat mengerti keinginan pelanggan dari tahun ke tahun dan saya rasa saya menuju ke tahapan untuk membuat karya yang lebih spesifik ke pelanggan, seperti made by order. memberi lebih cerita spesial bagi pelanggan, seperti saat saya membuat outfit khusus untuk event seseorang bernama Tasya Karissa, pendiri Bio rock, saya membuat outfit untuk acara yang diadakan oleh AIS forum dan beliau berbicara didepan 46 delegasi negara mengenai solusi untuk kelautan dunia, desain yang saya tawarkan dengan cerita dari motif batik "Gelombang Laut"yang merepresentasikan topik yang beliau bagikan ke dunia. saat ini, koleksi yang saya buat dapat ditemukan di Bintang Supermarket Ubud dan Seminyak.

Wawancara oleh Thirumoolar Devar

oedel.id

LOMPATAN PULAU: NUSA LEMBONGAN

PROYEK RUMPUT LAUT KUBUS

Informasi diperoleh dari warga lokal I Wayan Dollar Doru

Alur Waktu Pertanian Rumput Laut

Empat dekade terakhir telah terlihat ekspansi yang cepat mendadak berhenti, dan lambatnya perkembangan petanian rumput laut di pulau Lembongan, Ceningan dan Penida. Diperkenalkan pada akhir tahun 1970-an, pertanian rumput laut merah dan hijau cepat berkembang sebagai sumber pendapatan utama bagi Lembongan dan Ceningan. Pertanian dilakukan di sepanjang pantai, mengelilingi hampir semua kedua pulau di lokasi yang ada akses konsisten dengan zona intertidal yang dangkal.

Pada tahun 2014, terjadi pergeseran besar pada pertanian rumput laut, dimana sekitar 90% petani beralih ke pariwisata industri. Ini terjadi bukan karena pariwisata berkembang dan pendapatan secara substansial lebih baik, tapi lebih karena penurunan yang signifikan di dunia internasional. Harga rumput laut. Pada tahun 2014, 1 kilogram rumput laut merah yang sudah kering, dijual dengan harga Rp 3,500. Dan saat ini ada pada harga Rp 12,000 - 14,000. Satu-satunya pertanian rumput laut yang tersisa pada waktu itu terletak di alur Lembongan dan Ceningan, dan digunakan sebagai daya tarik untuk perusahaan wisata.

Akibat pandemi 2020, pariwisata internasional di Indonesia menurun drastis. Jadinya, pertanian rumput laut dimulai lagi pada akhir tahun 2020, sebagai sarana untuk mempertahankan mata pencaharian. Pertanian rumput laut ini bertahan sampai tahun 2022. Sekarang, tanah pertanian rumput laut memiliki kapasitas 60% dari kapasitas sebelum 2014, dan memulai sebuah pergerakan pemberdayaan local yang Bernama Cube Seaweed Project (Proyek Rumput Laut Kubus).

Dari Benih Hingga Panen

keluarga lokal dalam usaha petanian rumput laut memiliki petak di berbagai lokasi di sekitar pulau, dipilih sesuai dengan air laut dan nutrisi yang dibawanya, perbedaan gelombang pasang surut, dan musim. Dari penanaman sampai memanen, proses petanian rumput laut membutuh waktu sekitar 20 sampai 30 hari, dengan tambahan 3 sampai 4 hari untuk pengeringan rumput laut. Biasanya, membutuhkan 8 sampai 9 jam kerja setiap hari, antara memanen rumput laut muda dan sehat untuk penanaman kembali, pengeringan rumput laut yang tua pada saat air surut, persiapan tali baru, pembersihan tali lama, pengeringan rumput laut sepanjang waktu air pasang, dan penanaman kembali pada waktu air surut berikutnya. Penanaman kembali dilakukan secara terus menerus sehingga

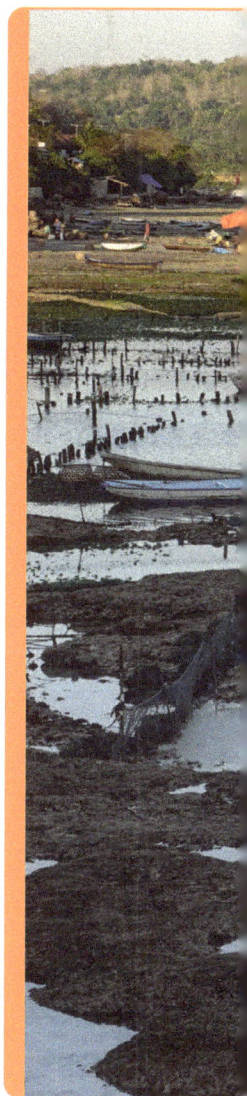

foto: @earthafloat
TheIntenseCalm.com

suatu keluarga mencapai petak kapasitas maksimum, untuk memastikan pasokan rumput laut yang konstan. Pada saat kapasitas tercapai, mereka akan memanen rumput laut untuk dikeringkan dan dijual untuk membuat produk.

Rumput laut hijau kebanyakan ditanam sekitar pulau Lembongan dan Penida dan dijual kering serta harganya lebih mahal daripada rumput laut merah, harganya mencapai Rp 35.000 per kilogram. Setelah dikeringkan, rumput laut tersebut dijual kepada pembeli yang mengirimkannya ke Bali. Kemudian, rumput lautnya dibawa ke Jawa dan didistribusikan secara internasional, terutama ke Cina dan Jepang. Dimana akan digunakan oleh produsen untuk produk kecantikan seperti lotion tangan dan tubuh, shampoo, sabun, make up dan parfum.

Di masa depan, proyek ini akan mengeksplorasi secara lokal untuk menciptakan lebih banyak variasi produk yang bisa dijual langsung ke konsumen secara individual, dan dapat disimpan untuk waktu yang lebih lama.

> Di masa depan, proyek ini akan mengeksplorasi secara lokal untuk menciptakan lebih banyak variasi produk yang bisa dijual langsung ke konsumen secara individual, dan dapat disimpan untuk waktu yang lebih lama

foto: @earthafloat
TheIntenseCalm.com

Apa Itu Kubus?

Dpada tahun 2022, Proyek Rumput Laut Kubus dibentuk sebagai gerakan untuk menciptakan ekonomi regional mandiri yang memberdayakan petani rumput laut lokal. Proses rumput laut menjadi sebuah produk dilakukan secara lokal sehingga bisa dijual secara langsung, karena memberikan benefit kesehatan. The Cube dengan timnya serta relawan membantu mempromosikan produk rumput laut serta membantu menyiapkan budidaya rumput laut sebagai bentuk ekowisata di pulau-pulau tersebut. Dengan ini bisa membantu petani naik dari dasar rantai pasokan global dan ketergantungan pada harga rumput laut internasional yang sangat berfluktuasi dan memberikan margin yang kecil bagi petani. Produk pertama yang diproduksi dari program ini adalah kubus rumput laut gel yang ditambahkan restoran ke dalam smoothie mereka dan disebut Good Karma Smoothie.

Cara pembuatan rumput laut kubus adalah dengan memberikan tambahan 1 sampai 2 hari kerja, setelah rumput laut selesai dikeringkan. Ini termasuk membilas rumput laut beberapa kali dengan air tawar, merendamnya semalaman, merebus produk dengan bahan tambahan seperti spirulina, kelor dan chlorella. Komponen tambahan tersebut membuat kubus lebih sehat dan bergizi, serta menciptakan kubus berwarna hijau. Setelah campuran direbus, lalu dituangkan ke dalam cetakan, dan dibiarkan mengeras semalaman. Pada hari berikutnya, kubus-kubus tersebut dipotong, dimasukkan ke dalam toples dan disimpan atau didistribusikan sebagai produk ke restoran-restoran yang mendukung Proyek Kubus (The cube).

Di setiap restoran, terdapat smoothie Kesehatan dengan berbagai pilihan dan dikreasikan dengan rumput laut kubus, dan minuman tersebut dinamai "Good Karma Smoothie". Keuntungan dari smoothie tersebut dibagi anatara petani dan proyek The Cube. Program ini tidak hanya menciptakan dampak sosial langsung dengan keuntungan 100+ per kg yang terbukti bagi petani rumput, proyek

LOMPATAN PULAU: NUSA LEMBONGAN

ini juga memberikan kesinambungan yang berkontribusi pada banyak hal positif termasuk penangkapan karbon dan konsumsi nitrogen.

Di bawah ini adalah daftar pendukung proyek rumput laut kubus di Nusa Lembongan yang menyajikan Good Karma Smoothie. Pastikan mengunjungi tempat-tempat fantastis ini untuk memperkuat ekonomi lokal yang berkelanjutan!

- Ombak Zero Waste Café
- Kayu Lembongan
- Fin Island
- Ginger and Jamu
- Pisang Pisang
- B'Fresh
- Alponte Restaurant
- Bali Eco Deli
- The Sampan
- Ohana's
- World Diving
- Batu Karang

Informasi Lebih Lanjut

Program Good Karma Smoothie sekarang pindah ke pulau Bali dengan di mulai di Ubud. Beberapa restoran populer di Ubud sudah mulai mendukung program tersebut, seperti Sayuris, Alchemy, Kafe dan Pyramids of Chi. Dan semoga lebih banyak lagi yang akan mengikuti.

Apakah Anda ingin mendukung program ini? Saat ini program sedang mencari bantuan untuk mengembangkan di Bali dan mempekerjakan perwakilan di Bali untuk mengimplementasikan program Good Karma Smoothie di restoran. Ada juga grup yang fokus untuk mencoba produk turunan rumput laut yang baru dan memberikan feedback yang bisa Anda ikuti. Kontak paling mudah untuk program ini adalah melalui halaman instagram di mana mereka memberikan pembaruan terus menerus tentang kemajuan program dan peluncuran event: @thecubeseaweed

- Kayli Wouters

Ikut Serta

foto: @earthafloat
TheIntenseCalm.com

foto: Rossi Photography
@deck_decky / Lembongan Dive Center - Tur dan kelas menyelam

foto: Rossi Photography
@deck_decky / Lembongan Dive Center - Tur dan kelas menyelam

Agus Frimanto / Nusa Lembongan Kontak: @frimanto_
Peselancar / Instruktur peselancar

BERSELANCAR & OLAHRAGA

Putra Pulu / Nusa Lembongan Kontak: @putrapulu
Peselancar / Instruktur peselancar

Generasi Lama, Darah Muda

Kata "Legenda", dapat merujuk pada keduanya, kehidupan yang diceritakan, dan juga, kisah abadi yang hidup dari generasi ke generasi. Seperti teknologi dan evolusi, penerapan alat kita dan pengetahuan kita adalah pengalaman berlapis dari legenda yang telah membuka jalan bagi kita. Reaksi seseorang dengan pasang surut yang selalu berubah di perjalanan hidup membuat seseorang menjadi Legenda. Melalui mereka, kita belajar tentang keuletan yang dibutuhkan untuk mewujudkan impian kita.

Lahir pada tahun 1954, pembuat papan selancar legendaris, hasrat Bruce Hansel untuk berselancar dipupuk pada masa transisi revolusi papan selancar pendek. Setelah bertugas di California, Meksiko, dan El Salvador, dia mendapat ketenaran di Pipeline di Northshore Hawaii; tempat selancar yang sangat terkenal di dunia. Setelah perjalanan tahunan ke Indonesia, dia menetap pada tahun 1999. Dia memulai bisnis legal terdaftar untuk mengimpor blanks dan bahan dari Australia, dan hingga hari ini dia mewujudkan mimpinya membuat papan selancar secara khusus di Bali. Putri Bruce, Cinta Hansel, adalah juara selancar lokal. Dia sendiri sudah mengukir beberapa legenda ke dalam ombak saat ini!

Bali Mantap berbicara dengan Bruce Hansel untuk menjelaskan sedikit tentang perjalanan dia hingga saat ini, masih membuat papan selancar khusus dan masih membuat legenda baru...

Bali Mantap: Di mana anda mulai berselancar?

BH: Saya mulai berselancar di Pantai Teluk Florida. Tapi saya sering mendapat tumpangan dengan kru yang lebih tua untuk berselancar di Pantai Timur. Pada musim panas ketika saya berumur 12 tahun, saya bersama ayah saya menghabiskan waktu di Pantai Satellite, Florida yang berada di selatan Pantai Coco. Selancar saya meningkat secara dramatis setelah musim panas pertama itu. Pada musim dingin, saya sangat lapar untuk berselancar. Saya menumpang selama 100 mil melintasi Florida untuk berselancar di akhir pekan! Gnarly! LOL!!

Bali Mantap: ...dan itu menjadi awal mula menjadi terkenal dalam karir berselancar??

BH: Saya memulai ikut serta kompetisi di Pantai Teluk Florida di Pantai Holmes (Utara Sarasota) pada tahun 1969 dan saya mendapat peringkat ke-3 di divisi usia saya. Pada tahun 1970, saya mendapat peringkat ke-2. Saya berkompetisi selama bertahun-tahun di Pantai Coco sambil tinggal dengan ayah saya pada musim panas, dan pada libur musim semi ibu saya mengajak saya untuk berkompetisi di Pantai Coco dan kami juga berkemah di sana!

Pada tahun 1976 saya dikenal karena saya memenangkan 3 babak oleh majalah lokal, namanya Waverider. Mereka mencetak foto saya dalam barrel kecil dan menulis tentang bagaimana saya menumpang selama 100 mil untuk mengikuti kompetisi!!!

Saya pergi ke Hawaii pada tahun 1979 dan saya mengikuti uji coba pro-class di Pantai Sunset. Ombak hari pertama terlalu besar untuk Pantai Sunset dan kompetisi dipindahkan ke 15"+ Pantai Haleiwa! Saya memenangkan 2 babak dan melaju ke perempat final di 10-12" Pantai Sunset. Di situ, saya kalah, tetapi untuk rookie dari Florida, teman-teman baru saya di Hawaii sangat terpesona.

Setelah uji coba pro-class itu, saya ingin ikut kompetisi di Pipe Masters. Jadi, saya mengirim surat pengantar menanyakan bagaimana saya bisa masuk Pipe Masters ke Randy Rarick. Dia mengatur pertemuan dengan saya, dan memberi tahu bahwa dia ingin saya berselancar dan mewakili Hawaii di Pipe Masters. Tapi saya ingin mewakili Florida. Dia berkata, "tidak. Jika saya memasukkan anda ke kompetisi ini, anda mewakili Hawaii." Saya berkata, "... tapi, saya akan ditendang. Saya baru saja tiba di sini. Saya dari Florida." Dia berkata, "Tidak, kamu dilindungi." Saya mengetahui kemudian, ya - saya dilindungi. ...oleh Black Shorts!!

Dia juga memberi tahu saya bahwa saya harus kembali ke Timur untuk bersaing dan mendapatkan poin agar lolos di IPS (organisasi asli sebelum ASP dan WSL). Saya berpartisipasi dalam kompetisi pertama di New Jersey. Saya gagal! Dari New Jersey saya mendapat tumpangan ke Florida, negara bagian asal saya. Kompetisi akan diadakan di Sebastian Inlet. Tapi badai bertiup keras dan pohon-pohon yang jatuh memblokir jalanan, dan kontes diganti ke Dermaga Canaveral dengan ombak kecil dan lemah. Di sana saya berselancar dengan twin-fin, dibuat oleh Cort Gion, yang sangat membantu saya berselancar di ombak sekecil itu. Saya bergaul dengan orang-orang Hawaii, karena saya sudah mengenal mereka! Jadi, mereka memanggil saya, dan saya naik

Bruce Hansel di Padang Padang untuk Surfers Journal
foto: Don King

mobil bersama Michael Ho, Dane Kealoha, dan Buttons. Saya dan Michael akan berada di babak satu lawan satu bersama karena saya masuk ke acara utama. Yang perlu saya lakukan hanyalah bersaing dalam babak itu. Saya bahkan tidak perlu menang. Saya berkata, "hei Michael, ayolah, kamu bahkan tidak akan bersaing di seluruh kontes - kamu akan kembali ke California malam ini" (karena ombak besar datang di sana), dan dia tertawa dan berkata, "ya, tapi aku masih akan mengalahkanmu" Dia melakukannya... yah... agak... maksudku... kami bertarung. Babak dengan Michael membuatku masuk ke Pipe Masters. Itu ada dalam berita halaman depan di Cocoa Beach; bahwa saya maju ke babak utama.

Peter Townend datang dan memberi selamat kepada saya dan memberi tahu saya Rarick menelepon dari Hawaii untuk mengatakan; saya memasuki Pipe Masters, mewakili Hawaii. Saya dilindungi oleh Hui! Saya berusia 23 tahun. Saya diundang ke Pipe Masters 4 kali.

Bali Mantap: Bagaimana perasaan anda saat mendapati foto anda saat di Pipe di sebuah majalah "di masa lalu?"

BH: Itu jauh berbeda, karena tidak banyak foto keluar sepanjang waktu seperti sekarang di era digital. Anda hanya mendapat kesempatan untuk tampil di majalah, yang utama adalah *Surfer* atau *Surfing*. Jadi, jika anda masuk ke sana, anda benar-benar jadi seseorang! Dan jika anda terus masuk ke sana, anda pasti jadi seseorang! Saya punya beberapa foto pada saat berada di Florida. Ketika saya pindah ke Hawaii, saya hanya berada di sana mungkin 4 atau 5 bulan, dan saya bekerja di toko makanan

kesehatan mengantongi makanan curah. Teman saya masuk toko itu dan membuka majalah ke halaman tengah; di situ ada foto saya di dalan barrel di Pipeline, tapi mereka menulis nama saya salah di foto. Jadi, saya menulis surat ke majalah dan memberitahu mereka. Mereka menerbitkan koreksinya. Ya, itu sangat berbeda. Itu jauh lebih berarti. Sekarang, siapa saja dan semua orang bisa post foto mereka. Dulu, tidak! Anda tidak bisa melakukan itu! Anda hanya mendapatkan apa yang anda dapatkan, dan anda hanya menjadi diri anda sendiri! Anda tidak dapat menjadikan diri anda sebagai seseorang yang bukan diri anda, seperti yang sering dilakukan orang pada saat ini. Kami adalah Pipeline Underground. Dan kami menjadi Pipeline Underground karena *Surfer*

Magazine. Mereka mengurus foto kami dan mereka memanggil kami seperti itu. Satu tahun kemudian, saya berada di rumah saya di Rocky Point, dan Jeff Divine, seorang fotografer untuk *Majalah Surfer*; dia datang ke rumah saya dan membuka majalah - dia menunjukkan kepada saya ombak raksasa di Second Reef saat saya melakukan putaran bawah bersiap-siap untuk masuk ke dalam barrel. Dia berkata, "hei, apa yang kamu pikir tentang itu?" Saya berkata, "wah! Itu gila." Dia berkata, "ya, tapi tunggu sebentar; baca keterangannya." Judulnya adalah, "Bruce Hansel, pelopor dari Pipeline Underground." Ini terjadi sekitar 2 atau 3 tahun setelah Pipeline Underground dinamai oleh Surfer Magazine. Saya berkata, "apa!?!" Saya terkejut. Saya dari Florida dan kalian

Cinta Hansel
foto: @oscrjms_

Cinta Hansel
foto: Billabong Asia

memanggil saya kepala Pipeline Underground? Itu gila. Ya.

Tapi saya senang melihat Cinta mendapatkan semua liputannya, dan juga di majalah online dan semacamnya. Ya, itu bagus!

Bali Mantap: Kapan anda pindah ke Bali?

BH: Saya datang di Bali untuk tinggal secara permanen pada tahun 1999, setelah berselancar di Bali setiap tahun selama 2-3 bulan sejak 1981. Putri pertama saya lahir dengan cerebral palsy dan saya ingin pindah ke Bali dengan istri saya yang orang Indonesia sehingga keluarga kami bisa membantu kami dengan putri kami.. Rencana saya adalah memulai Bisnis Papan Selancar. Saya membuat logo bernama "Indo Ski" dan mempromosikannya saat saya masih di Hawaii. Pada waktu itu, saya sudah menggunakan papannya di Bali dan G-Land, dengan sukses besar dan pujian dari Gerry Lopez dan Dennis Pang.

Bali Mantap: Jadi, anda meninggalkan tempat selancar paling ikonik di dunia, Banzai Pipeline, dan kemudian anda berada di "Pipeline Bali" yang baru ditemukan dan juga terkenal, Padang Padang?

BH: Memang luar biasa, ombaknya, orang-orangnya, semuanya. Pengalaman saya sedikit berbeda. Langsung saja, pembawa papan saya melihat bagaimana saya sangat suka berselancar dari pagi sampai sore hari. Saya naik sepeda motor kembali ke Kuta waktu sudah malam. Suatu hari dia berkata, "hai Bruce, kamu sudah tahu ombaknya bagus di bulan purnama dan bulan baru." Saya berkata, "ya, saya tahu itu." Dia berkata, "kamu tahu, kamu selalu boleh tinggal di rumahku. Kami bisa membawakanmu bir dingin dari warung dan kami akan membawakan ayam, sayuran dan nasi, dan anda bisa makan malam. Anda bisa memberi kami sedikit untuk ayam.." Dan begitulah, saya lakukan. Begitu saya melakukan satu kali,

terus begitu saya melakukan setiap bulan. Saya tinggal di Uluwatu selama dua atau tiga hari, dua hari setelah bulan. Maksud saya, sebelum prediksi ombak, perkiraan, dan semua itu; anda baru akan tahu saat melihat bulan kalau ombak akan datang atau tidak. Saya terus berusaha untuk membawa teman-teman saya; saya sedikit bosan dan kesepian di luar sana... dan di pagi hari saya berselancar sendiri. Di sore hari saya berselancar hampir sendiri. Saya berselancar di Outside Corner dan Padang berdua di dalam hari yang sama. Saya berselancar di Outside Corner pada pagi hari, Padang pada siang hari dan kembali ke Outside Corner pada sore hari. Anda tahu, seperti, bagaimana anda bisa melakukan itu? Saya tidak pernah bisa - tidak ada satu pun teman saya yang pernah ikut dengan saya. Maksud saya, ya, pengalaman saya berbeda dengan kebanyakan orang. Saya menginap di Uluwatu pada fase bulan yang berbeda!

Padang Padang sangat bagus pada saat tidak ramai disana. Tapi begitu mereka membangun jembatan yang menghubungkan Uluwatu ke Padang.. Anda tidak perlu jalan ke sana lagi dan kemudian mereka mengaspal jalan di sana, anda tidak perlu naik mobil di jalan batu

kapur yang bergelombang itu lagi. Saya lebih suka berjalan kaki dari Uluwatu. Tapi kemudian semuanya berakhir. Semua penduduk disana ingin berselancar lebih dari sebelumnya. Mereka semua ingin masuk majalah atau video. Itu menjadi vibe yang sangat kompetitif. Mereka masih memberi saya ombak. Saya terus berselancar di Outside Corner lebih dari Padang setelah itu.

Bali Mantap: Bagaimana awalnya anda mulai membuat papan-papan selancar?

BH: Saya membentuk papan selancar pertama saya pada tahun 1967. Saya melihat Surfer Magazine terbaru dengan Revolusi Papan Pendek dimulai. Tertulis bahwa peselancar di Australia mulai melepas fiberglass dari longboard mereka dan memotongnya menjadi 8'0'' dan lebih pendek. Saya menonton World Titles yang diadakan di Puerto Rico dan melihat papannya Wayne Lynch dan Reno Abellira lebih pendek dari 7'0''! Mereka adalah peselancar terbaik tetapi mereka tidak menang! Saya bersemangat! Saya pergi ke toko umpan lokal dan toko pemancingan di mana 2 Longboard pertama saya dibeli, tetapi mereka tidak ada papan yang baru. Terus, saya jalan ke belakang untuk melihat seorang pria melakukan perbaikan dan melihat dia menggunakan penggiling dan pengampelas kecil! Saya mencari di toko dan menemukan gulungan fiberglass dan resin. Singkat cerita, saya pulang ke rumah dan memotong 9'6'' papan saya menjadi 6'10'', dan ketika saya mengalami masalah dengan glassing sebelum resinnya melepas, ibu saya membantu menyelesaikannya!!! Sekitar 3 hari kemudian saya berselancar dan mendapat 3 pesanan ketika saya pergi ke pantai! Saya merekrut 2 teman saya Chris Lundy dan Kevin Stecker untuk membantu dan kami membentuk perusahaan papan selancar di halaman belakang bernama Metamorphosis dengan logo kupu-kupu, diambil dari album Iron Butterfly dengan nama yang sama!

Jadi, saya membentuk papan selancar pada usia 12 tahun selama 4 tahun, sampai saya berusia 16 tahun. Kemudian saya disponsori oleh sebuah toko untuk berselancar dengan merek-merek besar dari California. Saya sering memakai papan yang dibentuk oleh Cort Gion. Ketika Cort pindah ke Oregon, saya mulai berselancar untuk Eric Arakawa di B-Teamnya di Hawaii. Setelah kelahiran anak pertama saya, saya mulai lagi membentuk papan selancar pada usia 41 tahun. Saya membeli semua alat yang diperlukan untuk mulai membentuk kembali. Saat itu tahun 1995. Saya bekerja di pabrik Bill Barnfield di Haleiwa dan bekerja untuk Arakawa, airbrushing. Saya baru saja membentuk papan pertama saya dan meletakkannya di rak stand-up menunggu glassing. Saya telah menandatanganinya #1. Dan saya keluar dari kamar saya untuk melihat Dave Parmenter menangani papan saya dan memeriksanya sepenuhnya! Dia melihat saya dan bertanya, "benarkah, nomor satu ???" Saya menjawab "ya, setelah 25 tahun dan tidak banyak perubahan bentuk sebelum itu ..." Dia berkata, "jangan BERHENTI! Saya telah melihat orang-orang membentuk 200 papan dan tidak ada yang bagus seperti ini!!! Dan pembentukan papan selancar telah berubah sejak anda berhenti. Ini luar biasa!"

Cinta memberikan umpan balik kepada saya tentang papannya, setiap saat. Itulah salah satu alasan mengapa papan saya menjadi sangat bagus selama bertahun-tahun, itu karena dia. Dia sangat pandai memberikan umpan balik. Dia sangat tahu tentang papannya, dan memberi tahu saya apa yang dia rasakan di sana-sini dan apa pun.

Bali Mantap: Bagaimana kompetisi bisa menjadi bagian dari pengalaman selancar anda cocok disandingkan dengan "soul surfing?

BH: Saya selalu menjadi "soul surfer", saat saya tidak berkompetisi, tetapi saya sangat kompetitif. Saya tidak bisa hidup tanpa berkompetisi! Saya telah berkompetisi hampir sepanjang hidup selancar saya! Bahkan ketika saya pensiun dari berkompetisi di Pipeline,

saya masih mengikuti kompetisi di sana-sini. Jika sesuatu muncul, saya tidak dapat menahan diri; saya akan bersaing. Saya seorang pesaing.

Saya suka melihat Cinta ingin bersaing. Pada awalnya saya mengatakan kepada dia untuk tidak berkompetisi. Saya mengatakan kepadanya bahwa dia akan membencinya, dan itu adalah perasaan yang mengerikan ketika anda kalah. Tapi, dia sangat bersemangat seperti saya. Dia tidak bisa menahan diri. Dia ingin bersaing! Ketika dia meminta saya untuk berkompetisi dan saya mengajak dia ke kompetisi pertamanya, ya begitulah. Mainkan! Dia tidak pernah berhenti, terus berjalan. Dia mengalami saat-saat baik dan buruk dengan cedera dan penilaian buruk dan panggilan buruk oleh organisasi selancar atau apa pun. Dan itu benar-benar membuatnya sedih tetapi dia tidak bisa menahan diri. Saat dia mendapat kesempatan untuk berkompetisi, itulah dia; dia berkompetisi lagi!

Wawancara dan foto oleh Thirumoolar Devar

Bruce Hansel
foto: Mike Waggoner / Surfer Magazine

Bruce Hansel
foto: Ralph Cippola

Bruce Hansel
foto: Don King

Cinta Hansel
foto: @oscrjms_

Papan surfing buatan tangan

oleh

Surf's Up!!

Terestrial & Perairan Bali

Kelahiran Pulau

Rumah bagi beberapa parit laut terdalam di dunia, dan keanekaragaman hayati darat dan laut yang melimpah, Indonesia juga dikenal dengan sejarah bencana alam yang sangat intens; terdiri dari letusan gunung berapi yang kuat, tsunami yang menghancurkan, dan gempa bumi yang sengit.

photo: @merry_amber

Disajikan di lempeng tektonik

Kepulauan Indonesia adalah salah satu lokasi paling aktif secara seismik di bumi kita. Terletak di perbatasan beberapa lempeng tektonik utama, dan adalah bagian dari Cincin Api Pasifik. Menempa lebih dari 300 juta tahun, sekitar 17,000 pulau di Indonesia menghasil dari pergerakan antara empat lempeng tektonik primer. Ini termasuk Lempeng Indo-Australia, Lempeng Eurasia, Lempeng Caroline dan Lempeng Laut Filipina. Subduksi, konvergensi, dan gerakan transformatif antara lempeng-lempeng ini bertanggung jawab atas banyaknya busur pulau, gunung berapi, gempa bumi, dan parit laut yang semua bergabung untuk menciptakan keindahan dan keaslian Indonesia.

Pulau Bali muncul karena subduksi tektonik. Ini terjadi ketika satu lempeng tektonik turun ke bawah yang lain pada saat mereka bertabrakan di batasnya. Bali terbentuk melalui subduksi Lempeng Indo-Australia ke bawah Lempeng Eurasia. Pada saat subduksi, dasar laut terdiri dari endapan laut, terumbu karang dan lapisan batugamping. Semua yang terangkat di atas permukaan laut sebagai akibat dari pergerakan tektonik ini. Dengan demikian, komposisi geologis Bali dibagi oleh serangkaian gunung dan gunung berapi. Ini mulai dari Timur hingga Barat di bagian utara pulau. Tanah di sekitar gunung berapi terdiri dari tanah vulkanik dan pantai pasir hitam, sementara wilayah semenanjung Selatan Bali sebagian besar terdiri dari batu kapur dan pasir putih, lebih jauh dari gunung berapi pulau[1].

Pulau Bali punya tiga gunung berapi utama. Namanya; Gunung Agung, Gunung Batur dan Gunung Batukaru. Titik tertinggi pulau ini adalah di puncak Gunung Agung dengan ketinggian 3,142 meter di atas permukaan laut[1]. Dikombinasikan dengan cuaca tropis dan curah hujan yang melimpah, daerah di sekitar gunung berapi mendapat banyak nutrisi dan tanah vulkanik yang diperoleh dan berlapis dari letusan masa lalu. Berkat geologis ini telah memberi tanah di Balu subur dan kemakmuran pertanian.

Pertanian padi telah menjadi sistem utama pertanian tradisional sepanjang perjalanan sejarah pulau Bali. Di

Bali juga melindungi berbagai spesies fauna darat, diantaranya kadal, monyet, ular, tupai dan lebih dari 300 jenis spesies burung.

sepanjang lereng gunung berapi dan pegunungan di Bali adalah hamparan sawah tersebar. Mata air yang turun dari danau pegunungan menyediakan sumber aliran air alami yang bisa digunakan untuk irigasi di sawah. Di Bali, ada suatu bentuk pertanian padi tradisional yang disebut 'Subak'. Subak adalah organisasi pertanian petani sawah Bali yang mengatur irigasi pasokan air mereka. Mereka bersama-sama memelihara saluran dan sistem yang mengatur penanaman padi, dan juga dengan distribusi air di seluruh sawah[2].

Selain bercocok tanam padi pada musim kemarau, musim hujan juga membawa tanaman diversifikasi. Namun perubahan ini tidak terbatas pada; jagung, barley,

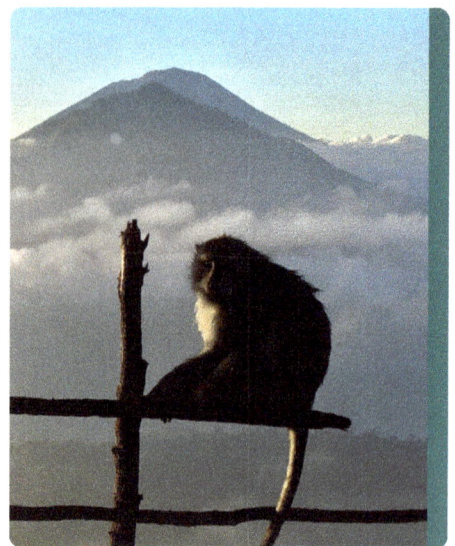

photo: @ed_arsenault

pisang, pepaya, mangga, dan pertanian nanas, di antara berbagai macam-macam sayuran dan buah-buahan lainnya. Selain beras, buah-buahan dan sayuran, tanah Bali yang subur juga memungkinkan tumbuhnya kopi dan kakao, beragam rempah-rempah, serta berbagai spesies flora.

Pulau Bali mempunyai tanah subur dan berlimpah tanaman. Pasti pulau ini juga melindungi berbagai spesies fauna darat, beberapa jenis seperti kadal, monyet, ular dan tupai. Selanjutnya, lebih dari 300 jenis burung saja dapat ditemukan menghuni langit dan daratan Bali.

[1] "Bali Fact." Bali Fact - Bali History, Geography, People. Culture and More, 2004, https://www.bali-go-round.com/bali-fact.htm.

[2] Pratt, Daniel. "Subak - a Sustainable System of Irrigation." The Bali Retirement Villages, The Bali Retirement Villages, 16 Dec. 2016, https://thebaliv-illages.com/Bali-news/2016/10/18/subak-a-sus-tainable-system-of-irrigation.

photo: @earthafloat
TheIntenseCalm.com

photo:
@mavis_bali

Terkenal dengan komposisinya yang luar biasa dan pemandangan alamnya yang epik di darat, laut di Indonesia mungkin adalah lebih monumental dalam komposisi dan strukturnya. Terdiri dari rak tektonik bawah laut yang luas, cekungan laut dalam, parit laut abyssal, dan gunung berapi bawah laut, Indonesia juga menawarkan salah satu ekosistem laut yang paling hidup dan keanekaragaman hayati yang dikenal hingga saat ini. Terletak di antara Samudra Pasifik dan Hindia, Indonesia merupakan bagian utama dari Segitiga Terumbu Karang dunia. Mengandung sekitar 67% spesies karang dunia, dan 37% spesies ikan terumbu karang dunia, Indonesia memiliki keanekaragaman ikan terumbu karang terbesar di dunia kita[1]. Selain ekosistem laut terumbu karang, sebagian besar garis pantai di Indonesia melimpah dengan beberapa ekosistem laut seperti padang lamun, hutan bakau, pantai muara, dan hamparan alga.

Ketika kita memperbesar ke pulau Bali, terumbu karang yang paling melimpah dan hidup berada di garis pantai pulau-pulau tetangga, seperti; Nusa Penida, Nusa Ceningan dan Nusa Lembongan. Di antara mempunyai kebanyakan keanekaragaman ikan terumbu karang, ketiga pulau ini dikunjungi oleh pari manta, beberapa spesies hiu pelagis, dan mola-mola yang sukar dipahami. Sebagai negara kepulauan, hewan dan tumbuhan laut yang mengelilingi Indonesia merupakan sumber utama penghidupan manusia. Sayangnya, sumber daya alam laut semakin menipis karena beberapa masalah seperti; penangkapan ikan yang berlebihan, polusi laut, pemutihan karang, kenaikan permukaan laut dan perubahan iklim global.

Tanah dan laut Indonesia telah mengalami transformasi kolosal dan epik sepanjang sejarah geologisnya. Keanekaragaman hayati darat dan lautnya yang subur telah terjadi sebagai hasilnya. Ini menjadikan Indonesia dan Bali khususnya, salah satu tempat yang menarik dan indah secara alami untuk eksis.

- Kay Li Wouters

foto: Nos Nguyen facebook.com/nos1412

[1] "8 Facts about Indonesia's Ocean | UNDP in Indonesia." United Nations Development Program, https://www.id.undp.org/content/indonesia/en/home/presscenter/articles/2016/06/08/8-facts-about-indonesia-s-ocean.html.

Segara Village
Hotel

Deluxe Room (Small)
Sanur Beach, Bali

Loloh Cemcem

Pulau Bali merupakan pulau yang menjanjikan akan keindahan wisata alam dan budaya nya. Keindahan alam mulai dari gunung, pantai danau dan air terjun yang tak lepas dari keindahannya. Pemandangan upacara di Pura menjadikan Bali kental dengan keunikan budayanya yang tidak dapat ditemui di tempat lain. Namun belum cukup akan keindahan alam dan budayanya, Bali juga terkenal dengan wisata kuliner makanan dan juga minumannya. Salah satu minuman khas Bali yang memiliki khasiat pada Kesehatan yakni Loloh Cemcem.

Loloh merupakan salah satu minuman tradisional Bali yang diproduksi dari beberapa jenis tanaman dan diolah pada industri rumahan secara sederhana. Khasiat loloh sebagai minuman kesehatan diyakini oleh masyarakat Bali secara turun temurun, terlebih lagi setelah adanya kecenderungan masyarakat mencari alternatif pengobatan alami yang berasal dari tumbuh-tumbuhan. Loloh cemcem merupakan minuman tradisional khas di Desa Penglipuran. Wisatawan yang datang ke Desa Penglipuran pasti mencoba meminumnya dan tidak jarang dijadikan oleh-oleh. Di daerah Desa Penglipuran terdapat 9 produsen loloh cemcem yang memproduksi loloh cemcem secara kontinu pada pagi hari. Daya simpan dari produk loloh cemcem masih belum bisa dipastikan. Dari hasil wawancara yang dilakukan peneliti kepada pembuat loloh cemcem, produk loloh cemcem dapat bertahan selama 3 hari (72jam) pada kulkas (1-4°C).

Meskipun termasuk dalam jenis jamu, Loloh Cemcem memiliki cita rasa khas yang berbeda dengan jamu pada umumnya. Cemcem atau daun kedondong hutan menghasilkan rasa yang unik sehingga minuman ini memiliki rasa asam, asin, manis, pedas, dan sedikit kecut. Selain untuk mneyegarkan tubuh, Loloh Cemcem juga berkhasiat untuk meredakan panas dalam, melancarkan sembelit, bahkan menurunkan tekanan darah. Meskipun memeiliki rasa yang asam, tetapi loloh ini aman diminum dalam keadaan perut kosong.

- Triana Ardi

Bahan (8 porsi)

- Daun cemcem
- Air kelapa
- Daging kelapa muda
- Asam jawa, 120gr
- Gula pasir, 120gr
- Garam, 1 sendok teh
- Terasi
- Cabai sekucupnya

Cara membuat

1. Rebus irisan cabai, terasi, asam, gula, dan garam. Tunggu hingga tercium aroma wangi.
2. Cuci daun cemcem, lalu tumbuk atau diremas-remas.
3. Campurkan daun cemcem ke rebusan air asam. Tunggu hingga berubah warna.
4. Matikan kompor, tuang air rebusan ke dalam gelas.
5. Tambahkan air kelapa dan daging kelapa, serta es batu untuk membuatnya lebih segar.

Untuk melihat makanan, minuman & resep lebih lanjut, silahkan pindai KODE QR di halaman berikutnya dengan ponsel anda -- >

Signature Rolls

NORI Bali

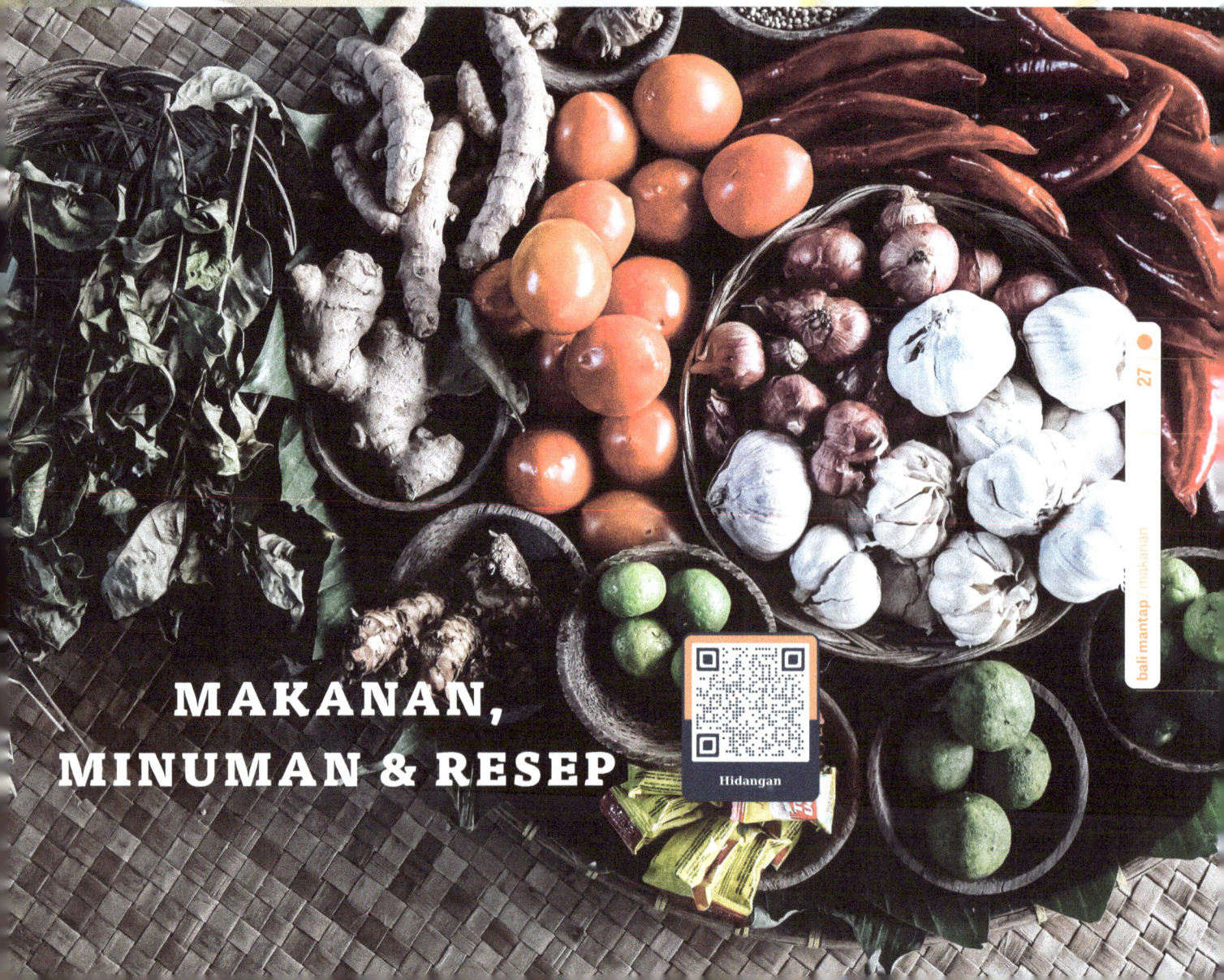

MAKANAN,
MINUMAN & RESEP

bali mantap / makanan

Hidangan

- Tears of Dewi Sri, 2018

Tentang WD

WD (Wild Drawing) lahir dan besar di Bali Indonesia dan telah menyelesaikan studinya dijurusan Seni Rupa Murni dan Seni Terapan. Ia mulai melukis di jalanan pada tahun 2000 dan sejak saat itu WD menghabiskan sebagian besar waktunya bekerja di luar ruangan, meskipun begitu, ia juga tidak pernah berhenti bekerja di dalam studionya. WD telah berpartisipasi dalam festival dan pameran di Asia, Eropa dan Amerika. Banyak karya-karyanya telah ditampilkan dalam buku-buku tentang Street Art.

Latar belakang sosiokultural EastWest-nya yang digabungkan dengan cara unik, membuat gayanya mudah dikenali. Ia fokus pada mural berskala besar yang diwujudkan dengan teknik rol dan cat akrilik. Wild Drawing selalu berinteraksi dengan tempat di mana ia bekerja, dengan memasukkan berbagai elemen disekitar menjadi bagian dalam karyanya, sehingga ada harmoni antara mural dengan tempat di mana karya tersebut dibuat.

- Missing your hug, 2020

- NESTalgic, 2014

Sebagian besar dari karyanya - terutama 3D anamorphic dengan ilusi optik - dipengaruhi oleh Komik, Graphic Novel dan Seni Fantasi, diwaktu yang sama ia juga terinspirasi oleh fenomena sosial, gaya hidup, seni dan alam.

Yang membuat ia terus bertahan dan intens berkarya di jalanan adalah karena ia menemukan sebuah kebebasan berekspresi yang unik, selain itu juga tentang fakta bahwa Street Art dapat diakses secara bebas oleh semua orang tanpa batasan sosial, ekonomi, budaya dan lain sebagainya. Terlebih lagi melalui karya seninya, ia memiliki kesempatan untuk berbicara tentang masalah besar merebut kembali Ruang Publik. Semua hal tersebut dapat menjadi penyeimbang dari kesementaraan yang merupakan sifat dari seni jalanan itu sendiri. Menurutnya jika ia hanya berpikir untuk membuat karya seni yang tak lekang oleh waktu, tentu ia akan membuat lukisan diatas kanvas saja. WD menetap di Athena, Yunani, tapi bekerja dan berkarya di berbagai negara di dunia.

Untuk lebih banyak tahu tentang artis dan karya-karyanya dapat diunduh di:

- They tried to bury us but they didn't know we were seeds, 2020

instagram.com/wd_wilddrawing

facebook.com/wd.street.art

youtube.com/channel/
UCo0eyhZ16VjnFasQ05VXV8Q

Cerita rakyat kuno menggambarkan pulau Bali bertumpu pada cangkang seekor kura-kura besar bernama 'Bedawang Nala'. Samudera yang mengelilingi pulau diartikan sebagai rumah bagi roh, kebanyakan dari mereka adalah roh jahat, dan pegunungan Bali digambarkan sebagai singgasana dewa Hindu. Oleh karena itu, kura-kura yang diduduki pulau itu mewakili keseimbangan antara makhluk baik dan jahat di dunia.

Ikut Serta

Di Pantai
Penyu di Bali

Di Asia, penyu telah lama dipuja sebagai simbol kekuatan, kebijaksanaan, dan keberuntungan. Makhluk ini bisa hidup selama beberapa dekade, dan penampilan unik mereka telah mengilhami banyak cerita dan legenda. Sayangnya, penyu terancam punah karena perdagangan ilegal satwa liar, kehilangan habitat, dan polusi.

Sejarah Tradisional

Bali sangat terkenal di dunia karena pantainya yang indah dan budayanya yang beragam. Bali juga mempunyai berbagai satwa liar yang spektakuler, salah satunya adalah penyu. Membintangi legenda tradisional, simbolisme, dan digunakan dalam upacara, penyu memainkan peran penting dalam kepercayaan inti umat Hindu Bali.

Di Bali, penyu melambangkan kebijaksanaan dan usia yang panjang. Selama berabad-abad, budaya di Bali sarat dengan legenda dan mitologi. Penyu memegang peran penting di dalam banyak cerita yang berbeda di Bali. Dalam salah satu legenda, pulau Bali tercipta ketika dua penyu besar muncul dari laut dan menopang pulau di punggung mereka. Di dalam kisah terkenal lainnya, seekor penyu menggunakan cangkangnya untuk melindungi permata yang telah jatuh ke bumi dari para dewa. Dengan demikian pulau itu dikaruniai oleh para dewa sebagai pengakuan atas ketidakegoisan penyu tersebut.

Ada juga satu cerita yang populer dalam legenda yaitu pulau Bali bertumpu pada cangkang penyu raksasa bernama Bedawang Nala, (Terjemahan dari Penyu Raksasa mistis). Penyu raksasa ini mewakili keseimbangan antara kebaikan dan kejahatan. Yang baik digambarkan

Photo: Rossi Photography

foto: @earthafloat
TheIntenseCalm.com

sebagai pegunungan Bali, dianggap sebagai singgasana dewa Hindu, dan yang jahat digambarkan sebagai lautan yang mengelilingi pulau; rumah bagi roh-roh jahat.

Karena penyu begitu penting dalam kepercayaan orang Bali, mereka juga termasuk dalam beberapa ritual pengorbanan. Penyu hijau khususnya dipotong dan dipersembahkan sebagai korban untuk merayakan ritual penting dalam tonggak kehidupan seseorang. Ini termasuk upacara untuk ulang tahun tiga bulan seorang anak, potong gigi pada usia enam belas tahun, pernikahan, dan kremasi. Mengorbankan penyu hidup telah tertanam dari waktu ke waktu, secara spiritual dan budaya di dalam kehidupan masyarakat Bali. Di luar tradisi agama, daging penyu juga sering disajikan kepada tamu rumah tangga untuk menunjukkan kehidupan yang mewah.

Pada saat ini, penyu masih dipuja oleh masyarakat Bali. Mereka sering dianggap sebagai jimat keberuntungan, dan digunakan secara simbolis di pura dan tempat suci lainnya.

Spesies yang Terancam

Ada tujuh spesies penyu yang dikenal di dunia. Enam dari tujuh spesies tersebut berada di laut sekitar Bali dan seluruh Indonesia. Spesies tersebut adalah;

- Penyu hijau
- Penyu Olive Ridley
- Penyu tempayan
- Penyu pipih
- Penyu belimbing
- Penyu sisik

Menghadapi berbagai macam ancaman perubahan iklim, polusi, pengasaman laut, degradasi keanekaragaman hayati, ekosistem laut kita tidak hanya bergantung pada manusia, tetapi juga pada organisme dan hewan yang menghuni lautan kita untuk memerangi ancaman ini, dan menjaga keseimbangan ekologis yang sehat di bumi kita. Penyu di lingkungan kita, menjaga kesehatan terumbu karang dan habitat rumput laut dengan cara mencari makan. Menghabiskan sebagian besar hidupnya di lautan, penyu juga

berkontribusi untuk menyuburkan ekosistem pesisir dengan cara bersarang di pantai.

Ada beberapa pantai di Bali yang sering dikunjungi oleh penyu. Biasanya mereka berada di pantai daerah Kuta, Medewi, Rambut Siwi, dan Perancak. Kebanyakan penyu akan bersarang dan membuat beberapa kelompok telur, sekali pada setiap dua sampai empat tahun. Setiap sarang telur dapat berisi antara 100 hingga 200 telur. Di Bali, musim bertelur biasanya berlangsung antara bulan Maret sampai September. Penyu kawin dan perjalan ke pantai berpasir Bali untuk bertelur. Setelah bertelur, penyu betina menutup sarang telurnya dengan pasir dan kembali ke laut. Mereka bukan hewan keibuan, jadi telurnya akan menetas setelah sekitar dua bulan, kemudian bayi penyu akan smenuju ke air laut dengan sendirinya, dan memulai hidup mereka di lautan. Populasi penyu juga berkontribusi pada perekonomian lokal karena menyaksikan mereka di alam liar merupakan daya tarik yang populer bagi wisatawan. Dengan demikian, penyu memiliki peran penting dalam berbagai bidang kelestarian lingkungan dan ekonomi.

Meskipun pengaruhnya menonjol, populasi penyu sedang menurun. Pada tahun 1999, pemerintah Indonesia memberikan status dilindungi kepada penyu. Namun, pasar gelap masih ada. Setiap tahun, penyu dan telurnya diambil dari alam liar dan dijual secara ilegal di Bali, di seluruh Indonesia, maupun internasional. Tubuhnya dan telurnya dibeli untuk digunakan dalam pengobatan tradisional, cangkangnya digunakan untuk kerajinan cinderamata, perhiasan, dan barang-barang mewah lainnya, kulitnya dapat digunakan untuk barang-barang, dan minyaknya untuk produk kecantikan tertentu. Bersama dengan efek hilangnya habitat, polusi, dan pembangunan kota, populasi penyu terancam, dan beberapa spesies penyu sangat terancam punah.

Di Bali, kesadaran tentang penyu yang terancam punah dan hal penting menjaga populasi yang sehat di alam liar telah meningkat secara signifikan selama beberapa dekade terakhir. Dengan demikian, sekarang semakin jarang ditemukan penyu di tempat-tempat ritual dan restoran tradisional.

Kesadaran akan Konservasi

Jika anda tertarik untuk belajar lebih banyak tentang penyu, ada beberapa pusat konservasi, penyelamatan, dan edukasi tentang penyu di Bali yang anda bisa kunjungi. Baik itu dengan menjadi relawan untuk pemeliharaan umum, berpartisipasi dalam pelepasan bayi penyu, atau menyumbang ke pusat, ada banyak hal yang anda bisa lakukan untuk membantu penyu.

Pusat Konservasi Penyu Kurma Asih terletak di Kabupaten Jembrana, Bali Barat. Di pusat ini, mereka fokus mengumpulkan sarang liar dari pantai dan merawatnya di pembibitan. Setelah penyu menetas dan berumur sekitar enam bulan, mereka dilepaskan ke laut. Kurma Asih juga melakukan penelitian terhadap penyu dan merawat penyu yang tidak cukup kuat untuk dilepaskan ke alam liar.

Pusat konservasi besar lainnya adalah Pusat Konservasi dan Pendidikan Penyu di Pulau Serangan. Dibuat pada tahun 2006 oleh mantan gubernur Bali, tempat ini juga membantu pelepasan tukik baru, selain merawat penyu yang sakit dan terluka kembali sehat. Selain itu, mereka juga berupaya menutup pasar gelap perdagangan penyu di Bali melalui edukasi dan kesadaran konservasi kepada penduduk Bali. Salah satu caranya adalah menyediakan penyu pada upacara-upacara untuk ditampilkan sebagai hewan hidup yang memiliki nilai hakiki.

Bali Sea Turtle Society (BSTS) adalah gerakan lain dari konservasi penyu. Didirikan pada tahun 2011, BSTS adalah LSM nirlaba yang bertujuan untuk mendidik dan bekerja dengan masyarakat Bali melalui upaya konservasi berbasis masyarakat seperti perlindungan sarang, pendidikan dan kampanye.

Kita membutuhkan penyu untuk lingkungan laut yang berkelanjutan, dan mereka membutuhkan suara dan dukungan kita untuk konservasi. Coba lihatlah tempat-tempat ini dan apa yang anda bisa melakukan saat anda mengunjungi Bali!

– Allison Moore

photo: @earthafloat
TheIntenseCalm.com

SUNGAI WATCH

Prajurit Sungai

Cara hidup orang Bali berkisar pada filosofi Tri Hita Karana, yang berarti "tiga penyebab kebaikan". Ini adalah pemahaman akan pentingnya keharmonisan antar manusia, antara manusia dengan alam, dan antara manusia dengan penciptanya. Dengan demikian, dasar kehidupan masyarakat Bali menjadikan hubungan yang kuat antara masyarakat Bali dengan lingkungan hidup yang melingkupinya.

Sungai Watch

Air di Bali

Bali memiliki sejarah agraris dimana peran air sangat penting bagi kesuburan tanah. Air dianggap sebagai pemberi kehidupan dan dasar kemakmuran. Karena ini, air dipuja di seluruh pulau Bali. Dengan ini, perpaduan praktik-praktik agama Hindu, kepercayaan lokal Bali dan tradisi budaya telah memberi jalan bagi Agama Hindu Bali. Agama ini semula dikenal sebagai Agama Tirta, yang diterjemahkan menjadi "Agama Air Suci".

Di pulau Bali, ada berbagai jenis air suci dan digunakan dalam beberapa jenis ritual, persembahan harian, dan praktik keagamaan. Air suci dianggap sebagai media fisik untuk regenerasi spiritual, sesuatu yang tak terlihat, sakral dan ketuhanan. Air suci disiapkan setiap hari oleh para pendeta, dan diresapi dengan bunga, mantra suci dan mudra, dan diperlakukan dengan sangat hormat.

Karena itu, pemujaan terhadap air di Bali memiliki penerapan praktis dan spiritual. Ritual menggunakan air suci berfungsi untuk menjaga keseimbangan dan keharmonisan antara tubuh, pikiran, dan hati manusia. Sementara di dalam pertanian dan irigasi, air dijunjung tinggi

karena membantu menjaga ketenangan dan keseimbangan antara manusia dan lingkungan alam. Walaupun air sangat dihormati, perairan di dalam dan sekitar Bali pada saat ini mengalami polusi plastik yang tinggi.

Plastik dan Kehidupan Alam

Berada di tengah musim hujan di Indonesia sekarang ini, anda mungkin akrab dengan tingkat sampah plastik yang mencengangkan yang terdampar di sepanjang pantai indah Bali. Selama bulan-bulan musim hujan dari Oktober sampai April, sampah yang berserakan atau dibuang secara ilegal di tempat pembuangan sampah yang tidak terdaftar, terdorong ke saluran air pada waktu hujan deras. Kemudian sampah dibawa ke laut melalui sungai-sungai, sebagian muncul di tepi pantai Indonesia, dan sisanya dibawa ke laut oleh arus air yang dalam.

Plastik membutuhkan waktu ratusan tahun untuk terurai, dan bahkan kemudian mereka akan tersebar di seluruh tanah dan lautan kita sebagai potongan mikroskopis yang disebut mikroplastik. Bahan ini sama berbahayanya bagi lingkungan dengan potongan plastik yang lebih besar. Plastik di lingkungan alami kita tidak terlihat bagus. Ini juga berdampak pada integritas tanah, melepaskan bahan kimia berbahaya ke dalam tanah dan air, membahayakan hewan karena mereka dapat tersangkut di bagian tertentu, dan juga plastik bisa disalahartikan sebagai makanan untuk binatang.

Dalam bentuk mikroplastik, manusia dan hewan lebih mungkin mengkonsumsi produk berbahaya tersebut; apakah mikroplastiknya sedang disalahartikan sebagai makanan atau dicerna melalui rantai makanan. Bahan kimia yang digunakan untuk membuat plastik tidak aman untuk dicerna oleh manusia dan hewan, dan dapat memiliki efek yang sangat merugikan bagi lingkungan hidup jika dibiarkan dan tidak terkendali.

Menurut studi baru yang dilakukan oleh organisasi lingkungan lokal bernama Sungai Watch (diterjemahkan menjadi Menjaga Sungai), Indonesia berada di peringkat kedua sebagai pencemar plastik laut terbesar, setelah negara China[1]. Di Bali saja, hanya 4% sampah plastik adalah

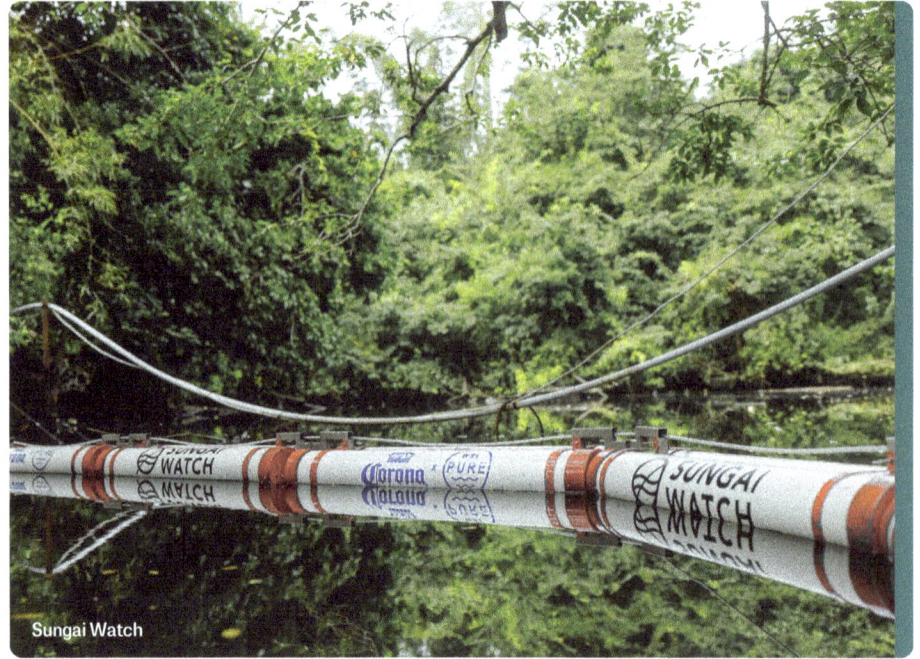

Sungai Watch

didaur ulang[1]. Hal ini disebabkan upaya pengelolaan sampah yang minimal, serta kurangnya infrastruktur daur ulang dan insentif lokal. Isu-isu ini terus-menerus meningkatkan jumlah pembuangan ilegal di Bali, dan berkontribusi meningkatkan jumlah polusi plastik yang masuk ke lautan kita yang indah.

Berjuang untuk Lautan

Beruntungnya, ada orang-orang di Bali yang bekerja setiap hari untuk mengatasi masalah ini dan membersihkan pulau dan lautan kita. Ini adalah tujuan Sungai Watch. Diketahui bahwa lebih dari 80% sampah plastik di lautan keluar dari sungai[1]. Ini adalah masalah mendasar yang ingin diakhiri oleh Sungai Watch. Mereka menggambarkan diri sebagai; sebuah organisasi lingkungan dengan misi untuk menghentikan plastik memasuki lautan. Cara utama yang mereka lakukan adalah merancang penghalang sampah sederhana yang ditempatkan di hulu sungai, dan dibersihkan setiap hari. Sampah yang dikumpulkan dari penghalang di tempat ini kemudian disortir di fasilitas mereka, dianalisis, dan didaur ulang. Sungai Watch juga sedang bereksperimen dengan cara baru untuk mengubah

sampah menjadi berbagai produk yang dapat digunakan kembali!

Sungai Watch juga mengadakan dan mengatur banyak sesi penjangkauan dan kampanye pendidikan untuk melibatkan masyarakat lokal dalam masalah polusi plastik, dan mendorong pengelolaan sampah yang bertanggung jawab di Pulau Bali. Mereka juga mengatur presentasi di sekolah-sekolah dan dengan pemerintah daerah, dan mengorganisir komunitas pembersihan mingguan di desa-desa. Selain pembersihan mingguan,

Sungai Watch

Sungai Watch juga menyelenggarakan pembersihan darurat di tempat pembuangan sampah ilegal, yang terutama di sepanjang tepian sungai untuk mencegah plastik masuk ke air sejak awal.

Sungai Watch berencana memasang sekat sampah di setiap sungai di Indonesia pada 2025, dan akhirnya menjadi proyek dan gerakan internasional. Luar biasa bukan?!

Berpartisipasilah dengan Penyebabnya!

Ingin tahu cara yang ANDA bisa berpartisipasi dan membantu penyebabnya? Di bawah ini adalah beberapa cara yang tercantum;

• Anda bisa melaporkan TPA ilegal dan sungai yang penuh dengan sampah di Bali dan Indonesia ke Sungai Watch melalui hotline mereka di +62 821-4781-382.

• Anda dapat membantu mensponsori pembersihan komunitas, produksi dan penerapan penghalang sungai, atau dropbox sampah di komunitas lokal di Bali.

• Anda dapat membantu mengatur penggalangan dana di sekolah-sekolah atau komunitas anda dengan penjangkauan dan pendidikan. Donasi yang terkumpul disana akan digunakan; mempekerjakan masyarakat lokal untuk mengumpulkan dan memilah sampah, mencari dan membersihkan tempat, peralatan, melakukan audit sampah, serta mengorganisir lebih banyak acara dan kampanye Sungai Watch.

• Anda juga bisa menjadi sukarelawan di pembersihan mingguan. Informasi untuk lokasi ini berada di situs web Sungai Watch dan diperbarui secara berkala. Disana juga ada informasi lebih lanjut tentang semua bagian yang tercantum di atas, semua di www. sungaiwatch.com.

- Kayli Wouters

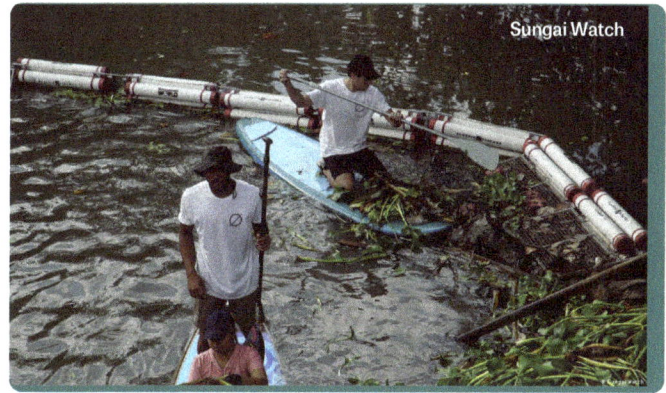

Sungai Watch

Bersama dengan bantuan anda, kita bisa membersihkan pulau kita dan mengembalikan air murni yang dulu pernah ada di Bali!

Referensi

1. *River Warriors* (2022) *Sungai Watch*. Sungai Watch . Available at: https://sungai.watch/pages/about-us (Accessed: November 20, 2022).

photo Indhira Adhista
IG @raw_image6

bali mantap / lingkungan

Ikut Serta

Kesuburan dan

Tanah yang Berkelanjutan

Tema umum yang dibahas dalam jurnal ini adalah kesuburan tanah di Bali. Adanya sejarah vulkanik yang terjadi membuat Pulau Dewata dianugrahi akan kekayaan pertanian.

Maukami

Pengunjung dan pengaruh internasional telah meningkat pesat di Bali selama dekade terakhir. Pantai yang menakjubkan, perairan jernih, hutan belantara mirip jurassic, dan pegunungan semakin menjadi tujuan liburan yang ideal bagi orang-orang yang bepergian dari seluruh dunia.

Di dalam dua tahun terakhir, Bali sangat menderita akibat dampak virus corona pada perjalanan internasional. Saya mengatakan ini karena ekonomi dan masyarakat Bali Lebih bergantung pada industri pariwisata daripada sebagian besar wilayah Indonesia lainnya. Oleh karena itu, saat ini menjadi waktu yang paling penting, pada untuk Bali pulih dari kesulitan dan terus

mengembangkan industri pariwisatanya, untuk melestarikan dan mempertahankan esensi budaya Bali, untuk menjamin kemandirian ekonomi masyarakat lokal, dan memastikan kelestarian lingkungan tanah mereka.

Tentu saja, ada banyak cara berbeda untuk dilakukan. Sekarang saya akan membicarakan tentang bagaimana masalah ini dapat diatasi dan bagaimana tujuan ini dapat dicapai, melalui beberapa organisasi yang berfokus pada pendidikan dan pengembangan pertanian yang berkelanjutan.

Maukami

Maukami

Maukami

MAUKAMI

Gerakan pertama yang akan saya bicarakan adalah tentang Maukami. Maukami adalah organisasi yang bekerja sama dengan para petani dan desa di Bali untuk menciptakan kehidupan yang berkelanjutan. Dengan ini mereka dapat berkembang dan memanfaatkan tanah mereka sebaik mungkin, untuk mencapai kemandirian finansial. Mereka mempromosikan kemandirian dan kemandirian ekonomi masyarakat Bali melalui pemberdayaan dengan inovasi metode pertanian yang berputar pada ilmu pengetahuan tradisional. Sambil berinovasi dengan masyarakat lokal untuk pertanian, dapur, dan kerajinan yang berkelanjutan dan organik, Maukami juga mendukung masyarakat Indonesia dengan membangun model perdagangan yang adil dan kemitraan yang saling menguntungkan di antara petani dan pasar melalui bimbingan pribadi.

Terletak di luar desa Canggu, anda bisa ikut serta dalam pengalaman pertanian dan dapur Maukami. Di sini, anda dapat mempelajari tentang sumber makanan organik lokal dan keterkaitan antara tanah dan piring saat anda berpartisipasi dalam prosesnya. Pengalaman ini termasuk mengunjungi pertanian dan memilih bahan-bahan yang anda akan gunakan, menggunakan metode dan alat tradisional Bali untuk menyiapkan dan memasak makanan, serta membuat kerajinan tangan dengan bahan dan sumber daya alam. Seluruh proses tersebut dilakukan dengan para petani lokal Bali dan penduduk desa dan seluruh pengalaman ini mengedukasi dan mendukung komunitas dalam kehidupan yang berkelanjutan, pertanian, dan nilai yang harus kita lindungi yaitu tanah pertanian Bali yang subur.

Ikut Serta

The Kul Kul Farm

Terletak di Sibang Kaja, di antara Denpasar dan Ubud adalah Kebun Kul Kul. Di tempat ini, permakultur, agroforestri, dan pertanian regeneratif`dipraktikkan.

Singkatnya, agroforestri adalah bentuk pertanian yang menggabungkan budidaya pohon di petaknya. Ini menciptakan keberagaman ekologi dan ekosistem yang tangguh. Ide permakultur tersebut adalah untuk menciptakan ekosistem pertanian yang berkelanjutan dan mandiri. Permakulture adalah perancangan cara hidup yang sehat secara ekologislah yang mendorong kita untuk menjadi pintar dan mandiri.

Pertanian regeneratif memprioritaskan perawatan ekosistem alam kita. Praktiknya meliputi meningkatkan kesehatan tanah dengan menggabungkan rotasi tanaman dan penanaman penutup, meningkatkan keanekaragaman tanaman untuk memperluas keanekaragaman hayati secara keseluruhan, mengelola penggembalaan bergilir untuk ternak, mengintegrasikan pengolahan tanah konservatif untuk mencegah erosi, membantu irigasi, dan meningkatkan kesehatan keseluruhan tanah; yang semuanya akan mendukung penyerapan karbon. Ini dapat membantu upaya kita untuk mengurangi dan memerangi perubahan iklim karena lebih banyak karbon yang diserap ke dalam bumi, lebih sedikit yang dilepaskan ke atmosfer kita.

Kebun Kul Kul telah mengadopsi konsep-konsep ini dan menawarkan lokakarya di dalam praktiknya. Kebun Kul Kul juga memiliki fokus besar untuk mendorong generasi muda - Bali dan asing - untuk bertani, di samping bekerja dengan masyarakat lokal dalam menyediakan pekerjaan pertanian yang bermanfaat. Sama seperti Maukami, pertanian Kul Kul bertujuan untuk memberdayakan masyarakat lokal dan tanah mereka dengan cara yang berkelanjutan secara lingkungan dan ekonomi, sambil mendidik semua orang tentang pentingnya pertanian yang berkelanjutan.

Astungkara Way

Astungkara Way

Akhirnya, sampailah kita di Astungkara Way. Proyek ini juga mengadvokasi keberlanjutan dalam ekonomi lokal, komunitas, dan ekosistem. Mereka melakukan ini melalui praktik pariwisata regeneratif sebagai lawan dari pariwisata massal.

Astungkara Way bertujuan untuk menghubungkan anda dengan makanan anda, dengan alam, dan dengan budaya Bali melalui pemberian pengalaman. Pengalaman ini termasuk perjalanan menyisiri pulau Bali di mana anda akan berjalan/mendaki melalui sawah, gunung, dan desa sekaligus belajar tentang sumber makanan Bali, berpartisipasi dalam kegiatan pertanian dengan petani lokal Bali, menemukan permata alam yang tersembunyi, terhubung dengan keluarga lokal, dan belajar tentang warisan Bali yang subur. Di satu sisi, Astungkara Way adalah kombinasi dari pengalaman dan tujuan Maukami dan Kebun Kul Kul.

Kalau anda ingin ikut bagian dalam salah satu pengalaman ini, anda bisa belajar tentang makanan khas Bali dan tentang tanah yang tumbuhnya, menghubung ke bumi melalui sarana budaya dan spiritual, dan mendukung tujuan pertanian berkelanjutan dan kemandirian ekonomi masyarakat Bali. Bagi saya, ini terdengar seperti cara sempurna untuk mendiversifikasi dan mempersonalisasikan perjalanan unik anda ke Bali!

- *Kay Li Wouters*

Astungkara Way

Pintu @ Kesari

Pintu dengan Desain

Arsitektur terkenal dengan penuh hiasan menunjukkan sikap dan sekaligus kerendahan hati. Bisa dikatakan kemampuan tentang suatu budaya melebihi dari pencarian kelangsungan hidup yang mendasar. Dalam cahaya itu ada sebuah ekspresi dan ciptaan yang memantul, membiaskan, mengembalikan kegembiraan ke keberadaan asalnya.

Dalam hal ini, daya tarik seni dan fungsi saling melengkapi satu sama lain dengan sempurna.

Foto oleh Thirumoolar Devar.

Bali Mantap

Daftar Komunitas Bisnis Gratis

UNGGAH DAFTAR BISNIS ANDA SECARA GRATIS

Terbaik di Bali

**Jika anda membutuhkan bantuan untuk menambahkan bisnis anda, kami siap membantu

Bali Mantap

Daftar Komunitas Gratis
Temukan hunian yang sempurna!

Kost - Apartemen
Vila - Rumah - Tanah
Persewaan - Sales

Tanah & Hunian

GRATIS UNTUK AGEN & PEMILIK PROPERTY

**Jika anda membutuhkan bantuan untuk menambahkan bisnis anda, kami siap membantu

Foto Bersejarah Kecak

Tropenmuseum, part of the
National Museum of World Cultures

Langkah Bayi

Foto diambil pada September 2021 di sebuah desa terpencil di tengah hutan Bali Timur untuk upacara ulang tahun bayi berusia 1 tahun. Foto oleh Thirumoolar Devar.

Portal Embarkasi

ilustrasi: Ngurah Yudha
cerita & pewarna: Thirumoolar Devar

Bilik kontribusi
Agung Tattoos

TARIK NAFAS...

...LEPASKAN

KOTA ITU MENYENANGKAN, TAPI GAYA HIDUPNYA TIDAK BERKESINAMBUNGAN. SAYA MERASA INI AKAN MENGHANCURKAN MASA DEPAN.

MELAMUN MEMBUATNYA TAK SADAR BADAI MENDEKAT DENGAN CEPAT

SEMUA TERJADI ADA ALASANNYA" AKU PERCAYA ITU..MUNGKIN UNTUK MERUGIKANKU

SELAMAT DATANG DI BIS DUNIA ASTRAL, MAU KE TUJUAN MANA ATAU HANYA MENGIKUTI PERJALANAN?

HAH!? APA?

YA PAK, KITA ADA DI KERETA BUMI APUNG YANG DIDORONG OLEH ENERGI OMBAK, ENERGI OMBAK YANG DIPANDU OLEH GRAVITASI MAGNETIK